Sophus Ruge

Christoph Columbus

Sophus Ruge

Christoph Columbus

ISBN/EAN: 9783744680219

Hergestellt in Europa, USA, Kanada, Australien, Japan

Cover: Foto ©ninafisch / pixelio.de

Weitere Bücher finden Sie auf **www.hansebooks.com**

Führende Geister

herausgegeben von

Dr. Anton Bettelheim.

Christoph Columbus

Von

Sophus Ruge

Mit Columbus' Bildniß und einer Karte.

Dresden 1892
Verlag von L. Ehlermann

Christoph Columbus
nach einem Bilde in der Nationalbibliothek zu Madrid.

1. und ob jemandt von disen wunderlichen volkh und selsamen vichen im mör oder thieren auf dem erdtreich begehrt zu wissen, der less die bücher Plini, Isidori, aristotelles, Stratonis und Specula Vincenzi und viel anderer ihrer mer.

2. Marco polo schreibt uns im dritten Buch am 42. Capitel, dass wartlich durch die Schifflauth befunden seien worden, dass in disem Indianischen Meer liegen mer den 12700 Inseln, die bewohnt sindt, in welchen sindt vil mit edelgestain, perlein und mit goldspiezen, andre vel takh Specerey und wunderlichen volkh, danon lang zu schreiben.

3. Dise Insul Cipango ligt in Orient der welt, dass volkh afn landt peth ab-götter an. Ir königist niemand untertan. In der Insel weichst überträfflich vil goldts, auch nechst do allerley edelgestein, perlen orientäl. dises schreibt marco polo von remdig im 3. buch.

Der Ozean nach der Darstellung Behaims.
Die Lage Amerikas und die richtige Gestalt der europäischen und afrikanischen Küste sind durch Umrißlinien angegeben.

Führende Geister.

Eine Sammlung von Biographieen.

Herausgegeben

von

Dr. Anton Bettelheim.

Vierter Band.

Dresden.
Verlag von L. Ehlermann.
1892.

Christoph Columbus.

Von

Sophus Ruge.

Dresden.
Verlag von L. Ehlermann.
1892.

Einleitung.

In wenigen Monaten vollendet sich das vierte Jahrhundert, seitdem Columbus die neue Welt entdeckt hat. Diese That bildet den Anfang einer Reihe von glänzenden Entdeckungen und kühnen Kriegszügen, die den Geist des Abendlandes auf das tiefste erregten. Der Einfluß, den die neue Welt auf die Entwicklung der Menschheit ausgeübt hat und noch ausübt, wächst stetig an. So ist denn auch der Name des glücklichen Entdeckers so volkstümlich geworden, daß er die Namen weit tüchtigerer und kühnerer Seeleute völlig in Schatten stellt. Ein glücklicher Zufall warf ihm den Ruhm der Unsterblichkeit in den Schoß.

Wenn man sich nun in der ganzen gebildeten Welt rüstet, den Tag der vierten Zentenarfeier festlich zu begehen, so werden doch mit Recht die großartigsten Vorbereitungen zu dem Feste auf beiden Seiten des Ozeans von jenen Staaten gemacht, auf die zunächst ein Abglanz des Ruhmes fällt, sei es, daß sie den Columbus als ihren Stammesgenossen feiern, oder daß sie mit Stolz auf das große Verdienst hinweisen, dem Entdecker die Mittel zu seiner Fahrt gegeben zu haben, oder sei es, daß man, wie die Bürger in den Vereinigten Staaten von Nordamerika, sich in natürlicher Dankbarkeit des Mannes erinnert, dem sie in erster Linie für die Enthüllung ihrer an allen irdischen Gütern so reich gesegneten Heimat verpflichtet sind.

Als der eigentliche Festtag wird wohl allgemein der 12. Oktober 1892 bestimmt ins Auge gefaßt werden, denn an diesem Tage betrat Columbus die erste zu Amerika gehörige Insel, der er den Namen San Salvador gab. In Italien werden wichtige Publikationen, die sich auf die eigenen Briefe und Berichte des Entdeckers beziehen, vorbereitet, in Spanien hat man einen Preis von 30000 Pesetas für die beste litterarische Arbeit über die Entdeckung der neuen Welt ausgesetzt und beabsichtigt zu gleicher Zeit, zu einer stattlichen Festsitzung Vertreter aller Nationen einzuladen. In Amerika ist vor wenigen Jahren das bedeutendste und umfangreichste Werk über die Geschichte der neuen Welt unter der umsichtigen Leitung Justin Winsors ans Licht getreten und umfaßt, mit zahlreichen Illustrationen aller Art und mit reichem Kartenmaterial ausgestattet, acht ansehnliche Bände. Und so mag auch dieser Band der „Führenden Geister" als ein bescheidener Wegweiser in die Zeit der weltbewegenden Entdeckung der neuen Welt und in das Wirrsal der Meinungen über den Entdecker und seine Leistung gelten. Denn es muß schon hier ausgesprochen werden, daß über einen gleich bekannten und berühmten Namen kaum so viel Dunkel herrscht oder leidenschaftlich gestritten wird, als über Columbus, und daß auch die gebildete Welt sich gemeiniglich ein ganz falsches Bild von ihrem Helden macht, weil sie in den meisten Fällen nur auf die Tagesblätter lauscht.

Wie viele historische Momente in dem Leben unseres Helden aber noch der Befestigung und der Aufklärung bedürfen, wird man schon daraus abnehmen können, daß man noch über den Ort streitet, wo die Wiege des Entdeckers gestanden hat, daß man über das Jahr seiner Geburt disputiert, daß man über seinen Bildungsgang die widerstreitendsten Ansichten äußert, daß man über seinen Aufenthalt in Portugal und Spanien nur spärlich unterrichtet ist, ja, daß man noch nicht einmal mit absoluter Gewißheit beweisen kann, welchen Punkt der neuen Welt er zuerst betreten hat.

Vieles hat die neuere, rastlose Forschung schon ermittelt, und wenn die Columbuslitteratur in engerem Sinne bereits auf mehr als 100 Arbeiten angewachsen ist, so mag man auch daraus abnehmen, wie groß auch heute noch die Anziehungskraft dieser merkwürdigen Persönlichkeit ist.

Und doch tritt sie keineswegs wie ein deus ex machina aus dem Rahmen ihrer Zeit heraus, und doch ist sie keineswegs in dem Sinne einer von den führenden Geistern, daß sie mit allen Überlieferungen und Anschauungen ihrer Zeit oder der nächsten Vergangenheit gebrochen hätte, lediglich, um fest ins Auge gefaßte Pläne ins Werk zu setzen, deren Verwirklichung ihr zur Herbeiführung einer neuen Zeit unumgänglich notwendig schienen.

Im Gegenteil, Columbus steckt mehr als andere seiner Zeitgenossen tief in den Anschauungen des Mittelalters oder einer schon zu seiner Zeit untergegangenen Weltauffassung. Er war ein Kind seiner Zeit und krönte nur, man möchte wohl sagen, durch einen ihm günstigen Zufall, die Bestrebungen und Arbeiten, denen sich seine Nation jahrhundertelang vor ihm schon mit Erfolg gewidmet hatte: dem Seehandel, der Nautik, den kühnen Entdeckungszügen zu Lande und zu Wasser.

Kein europäisches Land weist schon im früheren Mittelalter so viele Reisende auf, die in weit entlegene oder wenig betretene Gebiete vordrangen, oder kennt so viele tüchtige Seeleute und berühmte Seehandelsplätze, als Italien. Amalfi, Pisa, Venedig und Genua verdienen in erster Reihe genannt zu werden. Nach den wirren Jahrhunderten der Völkerwanderung, in denen das Römerreich zusammenbrach, hob sich seit dem 8. Jahrhundert zuerst wieder, durch besondere Umstände begünstigt, der Seeverkehr. Schon im 8. Jahrhundert begann die Schiffahrt von Venedig und Amalfi nach Konstantinopel, nach Syrien, Aegypten und der Berberei, amalfitanisches Geld galt an allen Küsten des Mittelmeeres. In Pisa landeten 801 die Gesandten, die Harun-ar-Raschid an Kaiser Karl den Großen gesandt hatte, und ums Jahr 980 besaßen die Pisaner eine bedeutende Flotte, durch die der Zug Kaiser Ottos gegen die Byzantiner wesentlich unterstützt wurde.

Auch Genua that sich schon im 9. Jahrhundert hervor. Den bedeutendsten Aufschwung brachten die Kreuzzüge; Truppen, Waffen, Heeresgerät, Vorräte aller Art wurden

1*

von den italienischen Seehäfen aus nach dem heiligen Lande geschafft. Die kriegerische Bewegung selbst dauerte gegen zwei Jahrhunderte und auch nach dem Falle von Ptolemaïs, dem letzten Stützpunkte der Ordensritter, begannen bald wieder die friedlichen Pilgerfahrten, die frommen Wallfahrten zum Heiligen Grabe und nach dem Sinai. Während im Beginn der Kreuzzüge Pisa noch in voller Blüte war, und bedeutende Reichtümer ansammeln konnte, wovon der Dom und der Campo santo noch jetzt beredte Zeugen sind, trat diese Stadt am Ende der Kreuzzüge immer mehr hinter die beiden mächtigen Nebenbuhler Genua und Venedig zurück. Beide rangen um den Sieg im Handel mit dem fernsten Orient und suchten sich gegenseitig die Wege dahin zu versperren.

Inzwischen waren aber im Beginn des 13. Jahrhunderts auch die beiden für die Verbreitung des christlichen Glaubens äußerst thätigen Orden der Franziskaner und Dominikaner entstanden, deren glaubensmutige Sendboten bald auf Geheiß des Papstes tief nach Innerasien eindrangen, um mit den mongolischen Großfürsten, die man als Feinde der Sarazenen und des Islams meinte erkannt zu haben, in freundschaftliche Beziehungen zu treten. Den Reigen dieser Sendlinge beginnen der Dominikaner Ascalin und der Franziskaner Piano Carpini (1246—47). Ihnen folgte das venetianische Handelshaus der Poli, unter denen das jüngere Mitglied Marco Polo sich durch seine langen Wanderungen und seinen langjährigen Aufenthalt im äußersten Osten Asiens, sowie durch den naiven Bericht seiner Reiseerlebnisse und Wahrnehmungen unsterblichen Ruhm erwarb. Seine wunderbaren Schilderungen von den reichen Städten Chinas trugen wesentlich dazu bei, die Phantasie der Abendländer zu entzünden und die kühnsten Pläne zu schmieden, um zu Schiffe jene fernsten Länder der Erde zu erreichen.

Die friedlichen Beziehungen zu China, das Ab- und Zuströmen der Kaufleute und Missionare dauerte noch bis über die Mitte des 14. Jahrh., bis zum Sturz der mongolischen Dynastie und dem Emporkommen der chinesisch-nationalen Herrscherfamilie der Ming

Länger noch währten die Verbindungen mit Indien. Es darf hier nicht unerwähnt bleiben, daß kühne Genuesen schon am Ende des 13. Jahrhundert den Plan ins Werk zu setzen suchten, um das noch unerforschte Afrika herum einen Weg zu den indischen Gestaden aufzufinden. Im Jahre 1291 rüsteten Tedesio Doria und die Gebrüder Vivaldi zwei Galeeren aus, auf denen die Vivaldi die Fahrt unternahmen; aber man hat über das Schicksal der Seeleute nur dunkele Kunde erhalten. Spätere katalanische Karten aus dem 14. Jahrhundert nennen uns südlich vom Atlasgebirge eine Landschaft Gozora (Guzzula, Gozole), wohin bis dahin noch kein Seemann vorgedrungen war; man sucht diesen Ort entweder am Kap Nun oder am Kap Jubi. Nach späteren Berichten wäre das eine Schiff an den Untiefen der Wüstenküste untergegangen, und das andere hätte noch die Mündung eines großen Flusses, vielleicht des Senegals erreicht.

Trotz des ersten Mißerfolges behielt man das Handelsziel, Indien, fest im Auge; statt aber den Weg um Afrika weiter erzwingen zu wollen, ging man über Syrien, über den Hafen von Ajazzo nach Indien. Wir wissen, daß Benedetto Vivaldi und Percivalle Stancone um 1315 nach der Westküste Vorderindiens gelangten, wo Vivaldi 1321 starb. Auch Glaubensboten aus den Orden der Franziskaner und Dominikaner fanden sich ein. Die Westküste des Landes wies eine große Menge von Handelsplätzen auf, unter denen Kambaye, Mangalore und Kalikut, wo später Vasco da Gama zuerst ans Land ging, die besuchtesten waren. Dort handelte man die geschätzten Gewürze: Pfeffer, Ingwer, Zimt, Kardamomen und außerdem Indigo ein. Die italienischen Handelshäuser erstreckten ihre Thätigkeit im 15. Jahrhundert bis zu den Molukken. Diese Verbindungen erloschen erst mit dem Umsichgreifen der portugiesischen Seemacht. Unter den Italienern des 15. Jahrhunderts ragt vor allen der Venetianer Nicolo dei Conti hervor. Er war 1424 mit einer Karawane von 600 Personen von Damaskus nach Persien gegangen und von Basra aus nach Indien gelangt. Dann besuchte er Ceilon, Hinterindien und die Sundawelt und kehrte über das Rote Meer und Ägypten erst 1453 nach Italien zurück, wo er dem Sekretär des Papstes Eugen IV., Poggio Bracciolini, über seine Wanderungen und den Reichtum jener fernsten tropischen Länder Bericht erstattete. In wieweit seine Erzählungen über Indien, das er besser, als irgend ein anderer Abendländer zu seiner Zeit kannte, den Plan des Columbus vorbereitet haben, werden wir später sehen.

Aber auch nach Westen waren die italienischen Seeleute thätig, über die Säulen des Herkules hinaus in das westliche Weltmeer vorzudringen. Ligurische Schiffer hatten schon vor 1300 die Kanarischen Inseln, die insulae fortunatae des Altertums, wieder aufgefunden, Madeira besucht und etwa um 1350 die Azoren entdeckt. Ihre Karten zeigen, daß ihnen auch die Küsten Frankreichs und Britanniens bis zur Nordsee gut bekannt waren. Für alle romanischen Völker wurden die Italiener die Lehrmeister im Seewesen. Ausgezeichnete Kapitäne nahmen Dienste in Frankreich, Spanien, Portugal und England, und gewannen sich dort nicht selten einen hohen Rang. König Diniz III. von Portugal machte den Genuesen Emanuel Pessagno zu seinem Admiral und stellte ihn an die Spitze der portugiesischen Seemacht zugleich mit der Verpflichtung, allzeit zwanzig genuesische Kapitäne auf der Flotte zu unterhalten. Bis über die Mitte des 15. Jahrhunderts ging die Admiralswürde in der Familie Pessagno vom Vater auf den Sohn über. Auch Prinz Heinrich der Seefahrer suchte Italiener für seine Entdeckungsfahrten an der Westküste Afrikas zu gewinnen. Der Genuese Perestrello besiedelte Madeira, seine Landsleute Usodimare und Antonio da Noli und mit ihnen der Venetianer Alvise Cadamosto erforschten Senegambien und die Kapverdischen Inseln (1454—60).

Auch Frankreich bediente sich frühzeitig italienischer Seetüchtigkeit. Ludwig der Heilige nahm für seine Kriege gegen die Mohammedaner genuesische Schiffe in Dienst und stellte den Genuesen Jacopo da Levanto als Admiral an die Spitze; später finden wir im gleichen Range Benedetto Zaccaria und Antonio Doria beschäftigt, und noch unter Franz I. führte Verrazzano eine erfolgreiche Entdeckungsreise an die Ostküste Nordamerikas aus.

Die Namen Pessagno und Usodimare begegnen uns auch wieder in England im Dienste der Könige seit 1317. Am Ende des 15. Jahrhunderts thaten sich besonders Giovanni und sein Sohn Sebastian Cabotto hervor, die auf englischen Schiffen zuerst, noch vor Columbus, 1497 das Festland von Amerika entdeckten.

So waren die Italiener überall, namentlich unter den romanischen Völkern die Lehrmeister im Seewesen. Sie wagten sich zuerst, wie die Iren und Normannen im frühen Mittelalter auf's offne Meer und machten sich von der Küstenschiffahrt ganz los. Es war das kein tollkühnes Hinausstürmen ins schrankenlose, unbekannte Weltmeer, man besaß seit dem 13. Jahrhundert einen sicheren Führer in dem Kompaß, dessen Wichtigkeit für die Schiffahrt auch die Italiener zuerst erkannt und dessen Brauchbarkeit auf der See sie durch eine sinnreiche Erfindung ungemein gesteigert hatten. Daß die Chinesen die Nordweisung der Magnetnadel schon vor Christi Geburt gekannt haben, ist außer allem Zweifel; aber daß sie aus der nordweisenden Nadel sich einen zuverlässigen Führer für Seeschiffahrt geschaffen hätten, darf man nicht behaupten. Die Ostasiaten haben also ihre wichtige Erfindung keineswegs bis zu den höchsten Zielen verwertet und ausgebeutet. In Europa hören wir zuerst während der Kreuzzüge von dieser Naturkraft des Magnetes. Ist es nicht ganz natürlich anzunehmen, daß im Verlauf der kriegerischen Berührungen des Abend- und Morgenlandes die Kenntnis von der Eigenschaft einer freischwebenden oder schwimmenden Magnetnadel sich aus dem Orient nach Europa verbreitet habe? Unmittelbar aus dem Munde der Chinesen konnten aber die abendländischen Christen die Kunde nicht erhalten haben, denn sie kamen nicht mit den Chinesen in Berührung. Man könnte also an die Vermittlung der Araber, deren Handelsbeziehungen sich bis China erstreckten, denken; allein dem steht entgegen, daß dann die Erfindung in ganz unvollkommner Form überliefert wäre. Die Chinesen ließen die Nadel bereits auf der Spitze eines Stiftes frei spielen, während die am Mittelmeer zuerst erwähnte rohe Anwendung des Magnets bei den Arabern uns die Nadel in einem Rohr auf dem Wasser schwimmend zeigt. Dazu kommt, daß die ältesten handschriftlichen Hinweise auf die Magnetnadel aus Paris und Nordfrankreich stammen.

Nach alledem ist es viel wahrscheinlicher, daß die Nordweisung der Magnetnadel auch in Europa entdeckt ist, ebenso wie im Abendlande auch selbständig das Porzellan wieder erfunden ist. Die Erfindung war also um 1200 bekannt, aber ihre Ausnützung für die Schiffahrt war damit keineswegs gegeben. Den Italienern war es vorbehalten, den Kompaß derart zu vervollkommnen, daß er auf den Schiffen, auf der See zu gebrauchen war. Diese Verbesserungen bestanden in einer besseren Winkelteilung des Gesichtskreises oder in einer besseren Windrose und in der Verbindung der Nadel mit der Kompaßscheibe. Man teilte den Gesichtskreis und danach die Kompaßscheibe in 8 Hauptrichtungen: Levante = O, Scirocco = SO, Ostro = S, Libeccio = SW, Ponente = W, Maestro = NW, Tramontana = N, Greco = NO. Die Namen Scirocco (Wüstenwind) für SO, Libeccio (der libysche oder afrikanische) für SW und der Greco (der griechische) für NO weisen den Ursprung dieser Bezeichnungen nach Süditalien, wo allein diese Himmelsgegenden zutreffen. Die 8 vollen Winde teilte man wieder in 8 Halb- und 16 Viertelwinde, und so entstand die italienische Windrose (rosa dei venti), während sonst bei anderen Völkern eine Zwölfteilung üblich geworden war. Ueber die bedeutende Erfindung, die Nadel mit der Kompaßscheibe zu verbinden, spricht sich unsere erste Autorität in diesen Dingen, Dr. Breusing (die nautischen Instrumente bis zur Erfindung des Spiegelsextanten, Bremen, 1890) etwa folgendermaßen aus:

„Eine ganz wesentliche Verschiedenheit in ihrer Einrichtung besteht zwischen unserm Schiffskompaß und unserm Landkompaß. Bei diesem schwebt die Nadel frei auf einer Spitze und ist in ein Gehäuse eingeschlossen, auf dessen Rande oder Boden die Strichrose eingezeichnet oder eingeschnitten ist, so daß sie sich, wenn das Gehäuse um die vertikale Achse bewegt wird, mit diesem herumdreht, während natürlich die Nadel ihre Nordsüdrichtung behält. Diese Verbindung der Strichrose mit dem beweglichen Gehäuse ist für den Schiffskompaß unstatthaft. Es war ein ungemein glücklicher Gedanke, die Strichrose nicht mit dem beweglichen Gehäuse zu verbinden, sondern auf eine besondere Scheibe zu zeichnen und diese oben auf der Nadel so zu befestigen, daß der Nordpunkt der Scheibe mit dem Nordende der Nadel übereinstimmt. Dann behält die Strichrose ihre feste ruhige Lage gegen die Weltgegenden, man kann unmittelbar Kurs und Wind und Peilung darauf ablesen. Wie einfach dieser Gedanke uns jetzt auch vorkommen mag, die Einfachheit raubt ihm nichts von seinem Werte." Diese sinnreiche Erfindung wird nun allgemein dem Flavio Gioja aus Positano bei Amalfi zugeschrieben; aber, wenn auch über diese Persönlichkeit noch tiefes Dunkel schwebt, so bleibt so viel sicher, daß der Schiffskompaß eine Erfindung Süditaliens, höchst wahrscheinlich der Stadt Amalfi ist, worauf auch der alte Spruch hinweist: „Prima dedit nautis usum magnetis Amalphi," womit nur gesagt sein kann, daß die Stadt Amalfi zuerst den Schiffern einen brauchbaren Kompaß gegeben hat. Nach der gewöhnlichen Annahme soll dies etwa um 1300 n. Chr. gewesen sein, jedenfalls eine zu späte Zeitbestimmung, wenn man erwägt, daß die älteste mit einem Datum versehene italienische Seekarte aus dem Jahre 1311 stammt, daß diese Karte bereits eine hohe Entwickelung der Kartenkunst zeigt, daß aber diese Seekarten, die man wohl auch Kompaßkarten genannt hat, ohne Kompaß garnicht entworfen werden konnten. Diese Küstengemälde geben uns die Ländersäume zuerst in klarer, richtiger Weise, sie dienten ursprünglich nur praktischen Zwecken, ihre Ausbildung verdanken wir ebenfalls den Italienern. Zunächst umfaßten sie alle Gestade des Mittelmeeres und des Schwarzen Meeres, dehnten sich mit dem Wachstum des asiatischen Handels auch über den südlichen Teil des Kaspischen Sees aus und erreichten in Verfolg der atlantischen Küsten Europas und Afrikas gegen Norden etwa den 55.° n. Br., gegen S. den Wendekreis. Später zeichnete man die Karten auch in kleinerem

Maßstabe, so daß sie nicht mehr für den Gebrauch auf der See, sondern nur zum Studium, zur Belehrung dienen konnten. Es war aber bald eine so große Nachfrage danach, daß das künstlerische Kartenzeichnen namentlich bei den Italienern, dann auch bei den Catalanen und auf den Balearen zu einem einträglichen Gewerbe sich entwickelte. Anfänglich wurde die Kunst von praktischen Seeleuten, von Schiffskapitänen betrieben, dann aber, besonders seit dem 15. Jahrh. bildeten sich berufsmäßige Kartographen aus. Wir kennen eine große Zahl von italienischen Kartenzeichnern, ja sogar kartographische Familien; ihre Kunst blühte namentlich in den ersten Seestädten Venedig und Genua. Von dort wanderten sie aus und erwarben sich in der Fremde in den Handelsplätzen durch Unterweisung oder durch Verkauf selbst gezeichneter Karten ihr Brot. Es wurden nicht bloß einzelne größere Blätter, sondern ganze, zu einem Bande vereinigte, systematisch geordnete Sammlungen von Seekarten hergestellt. Die größten Entdecker, Cabotto und Columbus finden wir unter jenen Kartographen, die in der Fremde ihr Glück suchten. Je mehr die portugiesischen Entdeckungen an der afrikanischen Küste von Erfolg gekrönt waren und vollends als auch Spanien sich anschickte, an den Seeentdeckungen teilzunehmen, um so zahlreicher fanden sich in jenen Ländern auch die Italiener ein, sei es als Kaufleute, Agenten oder als fürstliche Korrespondenten und Gesandte. Wir finden darunter Simon del Verde in Cadiz, Juanotto Berardi in Sevilla, Aug. Trivigiano in Granada, Vespucci bald in spanischen, bald in portugiesischen Diensten, Petrus Martyr nur in Spanien, Lorenzo Girardi, Bartolomeo Marchioni, Alberto Cantino, Benvenuto Benvenuti und Francesco de la Salta in Lissabon. Leider haben ja die meisten dieser Italiener in der großen Zeit der Entdeckungen nur fremden Nationen gedient, ähnlich wie noch vor 30 Jahren viele deutsche Forschungsreisende; aber sie haben doch auch in der Fremde ihr Heimatland zu Ehren gebracht. Die hohe Bedeutung der Italiener geht besonders daraus hervor, daß

1. ein Italiener Amerika entdeckt hat und
2. die Neue Welt nach einem Italiener benannt

worden ist. Auch haben sie vor allem die ersten Nachrichten von der Entdeckung Amerikas verbreitet. Der Bericht über die erste Reise des Columbus wurde 1493 dreimal in Rom gedruckt; die Schilderung seiner zweiten Fahrt erschien, von Nicolaus Scyllacio redigiert, zuerst in Pavia, die Beschreibung der vierten Reise zuerst in Venedig. Die Entdeckungsfahrten des Columbus waren auch die Veranlassung, daß man zuerst in Italien auf den Gedanken kam, überhaupt Reiseberichte in einer ersten Sammlung zu vereinigen und durch den Druck zu verbreiten. Die erste derartige Sammlung erschien 1504 in Venedig, die nächste 1507 zu Vicenza. Dann folgten Übersetzungen in Paris und Nürnberg.

So sehen wir überall seit Jahrhunderten die Italiener im Seewesen, in nautischen Erfindungen, bei der Entdeckung und der Verbreitung der Nachrichten darüber in erster Linie thätig. Und so steht auch Columbus keineswegs als eine einsame Größe, sondern als ein Kind seines Landes und seiner Zeit mitten in dieser Bewegung.

1. Columbus.
Sein Geburtsort und seine Familie.

Wie um die Geburtsstätte Homers sich sieben griechische Städte stritten, so haben auch um die Ehre, Geburtsort des Entdeckers von Amerika zu sein, zahlreiche Ortschaften in Italien, meistens in der Umgebung von Genua, dann aber auch in weiterer Ferne, ja sogar die Insel Korsika (lächerlicherweise!!) Anspruch erhoben. Die Ursache davon liegt darin, daß Columbus, aus armer, bürgerlicher Familie, nicht eher die Aufmerksamkeit auf sich zog, als bis er seine erste Fahrt über den Ozean glücklich ausgeführt hatte, daß er selbst über seine Herkunft nicht offen und bestimmt gesprochen hat, daß er sich wohl gar eine vornehme Abkunft zugeschrieben hat, und endlich, daß sein Familienname Colombo in allen Hafenplätzen am tyrrhenischen und ligurischen Meere so häufig anzutreffen ist, als bei uns Schulze, Müller oder Meier. Da nun ferner bis in die neueste Zeit hinein auch das Geburtsjahr noch nicht sicher ermittelt war, so schien das Nachforschen nicht wenig durch solche Unsicherheit erschwert. In der Umgebung Genuas erheben ihre Ansprüche die Ortschaften Albissola, Bogliasco, Chiavari, Cogoleto, Cosseria, Nervi, Novare, Oneglia, Pradello, Savona und Quinto, in Norditalien ferner Mailand, Modena, Cuccaro, Finale und Piacenza. Aber nur Genua und Savona vermögen solche Urkunden vorzulegen, aus denen ohne Zweifel hervorgeht, daß die hier in Frage kommende Familie Colombo an beiden Orten wenigstens zeitweilig gelebt hat.

Befragen wir zunächst als Zeugen glaubwürdige Zeitgenossen des Admirals, so nennen der Doge Baptista Fulgoso in seinem 1509 erschienenen Werke (De dictis factisque memorabilibus collectanea) und der Bischof Giustiniani in dem Psalterium (Genua 1516) unsern Columbus einfach einen Genuesen von Geburt. Dasselbe bezeugen der Kanzler von San Georgio, Antonio Gallo und nach ihm der Kanzler der Republik Genua, Bartolomeo Senarega, der Bischof von San Domingo Alessandro Geraldini, und der Savonese Michelo Cuneo, der mit Columbus die zweite Reise nach den Antillen machte.

Ebenso sprechen sich die Geschichtsschreiber aus, die unsern Helden in Spanien kennen lernten und mit ihm persönlich in Verkehr traten, wie Andres Bernaldez, Petrus Martyr, Oviedo und der Bischof Las Casas. Ohne den Geburtsort genau zu bezeichnen, wird Columbus ferner ganz allgemein ein Genuese genannt von dem spanischen Gesandten Pietro Ayala, von dem venetianischen Gesandschaftssekretär Angelo Trevisano und von Perez de Oliva, dem Freunde Fernando Colombos.

Daran mag sich anschließen, daß Columbus selbst schriftlich erklärt hat, er stamme aus Genua. (Siendo yo nacido en Genova... della sali y en ella naci." Ich bin in Genua geboren, von dort stamme ich, und dort bin ich geboren. Navarette Docum. II. 221.) Dieser Ausspruch ist zwar angefochten, weil Columbus durch das „von dort stamme ich" und durch eine andere Äußerung, wonach er sich rühmte, aus vornehmer Familie zu sein, und unter seinen Vorfahren (die sämtlich arme Weber waren) mehrere Admiräle zu zählen, sich selbst als von adliger Geburt habe bezeichnen wollen. Mag man auch zugeben, daß er in Bezug auf den Stand seiner Familie sich einer Unwahrheit schuldig gemacht hat, so bleibt trotzdem wahr, daß er in Genua geboren ist. Auch hierbei hat man noch unterscheiden wollen, ob damit die eigentliche Stadt, oder das Stadtgebiet, oder in noch weiterem Sinne das Herzogtum Genua gemeint sei. Es läßt sich nicht leugnen, daß in dieser Beziehung noch nicht völlige Klarheit erzielt ist, indeß ist doch die größere Wahrscheinlichkeit, daß Columbus in der Stadt selbst geboren ist.

Glücklicherweise sind durch die mühevollen Nachforschungen namentlich des Marquis Staglieno unanfechtbare Urkunden ans Licht gezogen, aus denen sich die Geschichte der Familie des Columbus im allgemeinen sicher aufbauen läßt. Man weiß nun, daß es eine bescheidene, bürgerliche Familie war, die aus dem Thale von Fontanabuona, dem zweiten Bezirk östlich von Genua am Lavagnaflusse stammte und meist das Handwerk der Weber betrieb. Der Großvater, Giovanni Colombo, dessen Gewerbe nicht namhaft gemacht ist, ließ sich in Quinto, 10 km östlich von Genua, nieder. Er hatte mehrere Kinder und darunter den Sohn Domenico, der sich 1429 nach Genua wandte. Noch in späterer Zeit waren alle näheren Verwandten des berühmten Entdeckers, wie Amighetto, Giovanni und Matteo, seine Vettern von väterlicher Seite, sowie seine Brüder Bartolomeo und Giacomo sämtlich Weber. Domenico war mit Susanna Fontanarossa aus Bisagno, gleich östlich von Genua, verheiratet und hatte vier Söhne und eine Tochter. Der älteste Sohn war Christoph Columbus, der Entdecker Amerikas. Von 1457 an, vielleicht schon früher (aber von dem genannten Jahre an läßt es sich urkundlich nachweisen) besaß Domenico ein Haus in Genua, dessen Lage ebenfalls vom Marquis Staglieno ermittelt ist. Es lag vor der Porta San Andrea in der Vorstadt des Vico dritto de Ponticello. Wahrscheinlich ist hier Columbus geboren, jedenfalls hat er dort seine Jugendzeit verlebt. Der Rat von Genua hat das Haus 1887 für 31500 Lire angekauft und mit der Inschrift versehen:

NULLA. DOMVS. TITVLO. DIGNIOR. HAEIC. PATERNIS. IN. AEDIBVS. CHRISTOPHERVS. COLVMBVS. PVERITIAM. PRIMAMQVE. IVVENTAM. TRANSEGIT.

(Kein Haus ist des Namens würdiger als dies. Im elterlichen Hause verlebte hier Christoph Columbus seine Kindheit und erste Jugend).

Am 30. Oktober 1470 erklärte derselbe Christoph Columbus vor Gericht, daß er über 19 Jahre alt sei.

Bald darauf, im Winter 1470 auf 71, verließ der Vater Domenico die Stadt Genua und siedelte nach Savona über, wo er dann 14 Jahre lebte und sich durch Schankgewerbe, Käsehandel und Weberei zu ernähren suchte. Seine beiden Häuser in Genua mußte er 1473 und 1477 verkaufen. Es scheint danach, daß es mit seinen Vermögensverhältnissen rückwärts ging. Der Sohn Christoph kommt in den Notariatsakten von Savona mehrfach vor und wird dabei als lanerio de Janua (Weber von Genua) bezeichnet. Er wurde danach sicherlich nicht als Eingeborener von Savona angesehen, sondern als Genuese, und wird in Savona zuletzt am 7. August 1473 erwähnt. Sein Vater kehrte 1484 wieder nach Genua zurück und starb, arm und verschuldet, etwa 10 Jahre später, ohne seine Söhne, die ins Ausland gegangen waren, wiedergesehen zu haben.

Aber von der Entdeckung der neuen Welt wird er noch gehört haben, denn er lebte noch am 30. September 1494. Da nun aber, wie bereits gesagt ist, der Name Colombo so häufig in Italien vorkommt, so könnte wohl der Verdacht lautwerden, ob der in den Urkunden erwähnte Christophero Colombo auch der echte sei. Dieser Zweifel wird durch die Wahrnehmung gehoben, daß der Entdecker Amerikas nicht bloß einen Vater, namens Domenico, sondern auch drei mit den Urkunden gleichnamige Brüder gehabt hat, und daß endlich in einem Dokument von 1501 bestätigt wird, daß die Söhne und Erben des weiland Domenico Colombo, Christophero, Bartolomeo und Diego seit Jahren Savona verlassen hätten und in Spanien weilten. Christoph erschien dort 1484, Bartolomeo 1494, Diego 1493. Daran reiht sich noch ein Dokument vom 11. Oktober 1496, wo die Söhne des verstorbenen Antonio Colombo von Quinto, also die Vettern des Admirals, namens Giovanni, Matteo und Amighetto sich kontraktlich verbinden, „jeder ein Drittel der Unkosten beizusteuern, damit der Älteste, Giovanni sich nach Spanien auf den Weg machen könne, um den Admiral des Königs von Spanien aufzusuchen. (Ad inveniendum dominum Cristoforum Columbum armiratum regis Ispaniae). Es wäre doch ein wunderbares Spiel des Zufalls, wenn alle Vornamen und die wichtigen Ereignisse in dieser Familie sich auf eine andere Familie Colombo als Doppelgänger beziehen sollte.

Stammbaum der Familie Colombo.

Giovanni Colombo

Domenico C. in Quinto, geb um 1418, gest. um 1494.	Antonio C. in Quinto
Christophero, Bartolomeo, Diego † 1506. † 1515. (Giacomo).	Giovanni, Matteo, Amighetto.

Diego, Fernando,
† 1526. † 1539.

Gegen die Wucht dieser urkundlichen Belege, wonach Columbus unzweifelhaft als Genuese erscheint, können die Ansprüche anderer Städte nicht aufkommen. Rührend sind die unermüdlichen, aber aussichtslosen Versuche des Professors Ambiveri in Piacenza, diese Stadt als Wiege des Entdeckers nachzuweisen. Geradezu lächerlich und in Bezug auf absichtliche Geschichtsfälschung empörend ist das Benehmen der korsischen Geistlichen Peretti und Casanova, die Stadt Calvi auf Korsika als Geburtsstadt des Columbus einzuschmuggeln. War es ihren Intriguen doch sogar gelungen, die französische Regierung zu bewegen, durch Genehmigung der Vorarbeiten zur Errichtung eines Columbusdenkmals in Calvi den Schwindel scheinbar zu unterstützen. Wegen des litterarischen Unfugs, der in dieser Sache betrieben worden, und dem manche unerfahrene Zeitungsredaktion zum Opfer gefallen ist, verlohnt es sich noch einmal an der Hand der Belege, die H. Harrisse, die erste Autorität in Sachen der Entdeckung Amerikas, gegeben hat, den Verlauf dieser häßlichen Machinationen klarzulegen.

Das erstemal, daß der Name Colombo in Korsika erwähnt wird, war 1530, dann folgen nach die Jahre 1570, 1738 und 1784. Was wollen die Erwähnungen bloß des gleichen Namens und zwar das erstemal 24 Jahre nach dem Tode des Entdeckers sagen? Durchaus nichts. Sie haben bei der Häufigkeit des betreffenden Familiennamens gar keinen Wert. Der Abbé Casanova hat sogar behauptet, der Präfekt Giubega habe das Taufzeugnis von Christoph Columbus im Stadtarchiv zu Calvi entdeckt. Und doch hat erst das Konzil zu Trient die kirchliche Aufzeichnung der Taufen etwa 100 Jahre nach der Geburt des Columbus angeordnet. Auch hat bezüglich der angeblichen Entdeckung Guibegas der Appellationsgerichtsrat Giamarchi zu Bastia erklärt: „Giubega hat mir die Versicherung gegeben, daß seine Familie niemals das fragliche Taufzeugnis besessen habe." — Auch der Sohn Giubegas hat öffentlich gegen Casanovas Behauptung protestiert. Dann ersannen die Fälscher den Ausweg, die Parochialregistranden seien beim Angriff der Engländer auf Calvi 1794 verbrannt.

Weiter behauptete man, mehrere Bewohner von Calvi hätten den Columbus bei der Entdeckung begleitet, oder gar, der Entdecker sei dabei von Korsen umgeben gewesen. Und doch ist in der Begleitung des Admirals niemals auch nur ein einziger Korse gewesen. Fernerhin behauptete Casanova, Columbus habe zu Ehren seines Heimatlandes seine erste Entdeckung Cap=Corse, was die Engländer jetzt Cape Coast nennen, getauft. Cape Coast liegt an der Küste von Guinea; dort ist Columbus allerdings gewesen, aber nicht zuerst; zu entdecken gab es dort nichts mehr, und daß Cape Coast ursprünglich Cap Corse geheißen habe, ist eine rein aus der Luft gegriffene Behauptung.

Auf der zweiten Expedition von 1493—6 soll Columbus, nach einer weiteren Erfindung der genannten Geschichtsmacher, verlangt haben, daß die Leitung der Flotte zwei Calvesen, Michelangelo Battaglini und Morgana anvertraut werde. Personen dieses Namens sind bei keiner Fahrt des Columbus über den Ozean nachzuweisen.

Immer kommt man wieder auf die Behauptung zurück, daß der Pater Dionigi de Corte, ein Zeitgenosse des großen Seefahrers, in seinen Memoiren schreibe, Columbus sei in Calvi geboren (Calvii natum Columbum). Diese Memoiren sind nie veröffentlicht und, fügen wir zur größeren Sicherheit hinzu, sind überhaupt nicht aufzufinden, denn einen Schriftsteller dieses Namens hat es weder im 16. noch im 17. Jahrhundert gegeben. In einem unbewachten Augenblicke hat Casanova die Äußerung gethan, dieser

Gewährsmann, den er zum Zeitgenossen des Columbus stempeln möchte, sei am Ende des 17. Jahrhunderts geboren. Sodann hat man die Person eines Paters Juan de Santo Pietro (auf Korsika) erfunden, der ein Jugendfreund des Admirals und sein Begleiter auf der ersten Reise gewesen sein soll. Columbus hat weder einen Jugendfreund noch einen Begleiter dieses Namens gehabt. Nicht minder erlogen ist die Behauptung Casanovas, daß in einem Werke (Giustificazione della Rivoluzione di Corsica), in dem alle berühmten Korsen aufgeführt sind, auch Columbus erwähnt werde, und daß ihn mehrere Calvesen begleiteten, die er durch Verleihung von hohen Ämtern belohnt habe. Von dem erwähnten Werke giebt es zwei Ausgaben, die 1764 und 1769 zu Corte erschienen. Aber das Buch enthält durchaus nicht die geringste Anspielung auf die Reisen des Admirals, sein Name kommt gar nicht vor. Man beruft sich weiter auf die Franziskaner Annalen (Lucca 1674), daß Christoph Columbus in Calvi geboren sei. Diese Annalen (Ragguali Serafici) enthalten davon kein Sterbenswörtchen. Unser erfindungsreicher Abbé hat sodann in der Straße Del filo in Calvi auf einem Steine das Wappen unseres Seehelden, entdeckt, und ein Calveser Zeitungskorrespondent berichtet sodann weiter, man habe an einem Hause in Calvi die sehr verwitterte Inschrift gefunden: „Domus Dominici Columbi" (Haus des Domenico Colombo). Das müßte dann natürlich das Haus des Vaters, das Geburtshaus des Admirals sein. Diese Funde sind zum Zweck der Täuschung — gemacht.

Der Abbé Peretti vollendet dieses Truggewebe noch durch folgende Behauptung: Wir sind erfreut, uns auf eine öffentliche Erklärung des Präsidenten der Akademie des Inscriptions et Belles-Lettres in Paris berufen zu können, der die Echtheit der Elegie aus dem 16. Jahrhundert anerkennt, worin der Admiral als Korse aus Calvi und als ein Sohn der Cesia bezeichnet wird. Und was sagen die Verhandlungen der Akademie über diesen Fall? „Der Abbé Giorgi schickt lateinische Verse ein, die dem Christoph Columbus zugeschrieben werden, und worin Korsika sein Vaterland genannt wird. Der Präsident bemerkt, daß grade diese Prätension die Verse sehr verdächtig mache."

Endlich schickt noch Casanova die freche Lüge in die Welt: „Der Herzog von Veragua, Admiral von Indien, der Nachkomme des Columbus, schreibt mir, daß ich die Wiege seines Ahnherrn entdeckt habe." Aber der Herzog von Veragua hat offen gegen diese Erfindung protestiert.

Man hatte es durch die Dreistigkeit der Behauptungen und durch unaufhörliche Zeitungsnachrichten dahin gebracht, daß schließlich selbst die französische Regierung unter Grévy am 6. August 1882 die Erlaubnis zur Errichtung eines Columbusdenkmals in Calvi gab, und daß noch am 5. Januar 1886 die Zeitung „Le Temps" in Paris die Ente zu bringen wagte: „Man versichert, daß der Präsident der Vereinigten Staaten von Nordamerika durch besonderen Erlaß alle Korsen zu Bürgern der Union ernennen wird."

Man kann danach erwägen, was für ein historisches Kunstgewebe das Werk Perettis: „Christophe Colomb, Français, Corse et Calvais" (Paris 1888) sein muß.

Wer sich für den quellenmäßigen Nachweis dieser ganzen Betrugsgeschichte interessiert, dem empfehlen wir die kleine vernichtende Schrift von H. Harrisse: „Christophe Colomb, les Corses et le gouvernement français. Paris 1890." Wir aber wenden uns wieder zum Licht und zu erfreulichern Untersuchungen.

Wie über die Geburtsstätte des Columbus, so ist man auch über das Geburtsjahr lange in Zweifel gewesen. Der Hauptgrund für die Ungewißheit lag in den sich widersprechenden Äußerungen des Mannes selbst, die sich sämtlich, wie sie gelegentlich gethan sind, nicht miteinander in Einklang bringen lassen. Man schwankte zwischen den Jahren 1436, 1446 und 1456. Beginnen wir mit dem Jahre 1436.

Andres Bernaldez, ein Zeitgenosse und Freund des Admirals, schrieb eine Geschichte der katholischen Könige Ferdinand und Isabella. Er war von 1488 bis 1513 Geistlicher in dem Städtchen Los Palacios bei Sevilla. Sein Erzbischof, Diego de Deza, war einer der ersten Gönner des Admirals. Vor seiner zweiten Reise war Columbus Gast im Hause des Geistlichen, und dieser erklärt in seiner Geschichte, daß Columbus in einem Alter von etwa 70 Jahren gestorben sei. Bernaldez hielt seinen Gast für älter, als er war, weil derselbe frühzeitig ergraut war. Columbus müßte also, da er 1506 starb, ums Jahr 1436 geboren sein.

Eine andere, früher von Peschel vertretene Ansicht fand als Geburtsjahr das Jahr 1456 durch folgende Berechnung: am 14. Januar 1493 schrieb Columbus in seinem Briefe an den König, daß er den kommenden 20. Januar der spanischen Monarchie gerade 7 Jahre gedient habe. Am 7. Juli 1493 schrieb er, er sei im Alter von 28 Jahren in den Dienst der katholischen Könige getreten; danach müßte er 1493 35 Jahre alt, also 1456 geboren sein. Ferner liegt ein Ausspruch von ihm aus demselben Jahre 1493 vor, wonach er fast ohne Unterbrechung 23 Jahre auf der See thätig gewesen sei; dann müßte er 1470 auf die See gegangen sein. Nehmen wir die Angabe der seinem Sohne zugeschriebenen Geschichte des Admirals hinzu, wonach dieser mit dem 14. Jahre sich dem Seeleben widmete, so müßte er 1456 geboren sein.

Aber gerechtes Bedenken muß die Behauptung des Admirals erwecken, daß er 1493 fast ohne Unterbrechung seit 23 Jahren auf See gewesen sei, denn es ist doch bekannt, daß er lange Jahre müssig in Spanien warten mußte, wohin er schon 1484 übersiedelte.

Wenn man nur die früheren Angaben und Aussprüche berücksichtigt, dann hat die Ansicht, daß Columbus 1446 geboren sei, die meisten Gründe für sich. Im Jahre 1501 nämlich schrieb Columbus einen Brief, in dem er erklärt, er habe nunmehr seit wenigstens 40 Jahren die See befahren und alle Meere bereist. Danach müßte er also 1460 Seemann geworden, und da er mit 14 Jahren sich diesem Berufe ergab, 1446 geboren sein. Der Brief von 1501, den die „Geschichte des Admirals" enthält, besagt aber im Original doch etwas anderes, nämlich er habe 40 Jahre sich damit beschäftigt, die Geheimnisse der Welt kennen zu lernen, womit doch nicht gesagt ist, daß er 40 Jahre lang Seemann gewesen sei. Trotz dieser vielleicht absichtlichen Textveränderung behält doch diese Rechnung ihr Recht: Columbus ist höchst wahrscheinlich 1446 geboren. Das ergiebt sich aus den neu aufgefundenen Notariatsakten. Am 7. August 1473 erschienen Christoph Columbus und sein Bruder Giovanni in Savona vor Gericht als Zeugen; beide mußten nach genuesischem Recht das 25. Jahr vollendet haben, Giovanni als der jüngere, mindestens vor dem 7. August 1448 geboren sein und Christoph wahrscheinlich noch ein Jahr älter sein. Am 25. Mai 1471 fehlt bei einem ähnlichen Zeugnisse in der Familie unser Columbus, folglich war er am 25. Mai 1471 noch nicht 25 Jahre alt; demnach muß er nach dem 25. Mai 1446 geboren sein. Endlich erscheint er am 20. März 1472 als Zeuge bei einer Testamentserrichtung. Hier mußte er volljährig sein, konnte also nicht nach dem 20. März 1447 das Licht der Welt erblickt haben. Aus einer Note vom 30. Oktober 1470 wissen wir, daß er sich für älter als 19 Jahr erklärt, aber er hatte das 25. Lebensjahr noch nicht erreicht. Nach allem diesen fällt der Geburtstag zwischen dem 25. Mai 1446 und dem 20. März 1447. Genauer läßt sich bis jetzt der Tag noch nicht ermitteln. Soviel aber steht fest, daß er weder 1436 noch 1456 geboren sein kann.

Ehe wir den Lebenslauf des Columbus weiter verfolgen, müssen wir unsere Stellung in einer Frage kennzeichnen, über die in den letzten Jahren ein sehr lebhafter, ja leidenschaftlicher litterarischer Streit geführt worden ist, die Frage nach der Glaubwürdigkeit der Lebensgeschichte des Admirals, die seinem Sohne Ferdinand zugeschrieben wird. Ferdinand Columbus oder, wie er in Spanien genannt wurde, Don Hernando Colon, war der Sohn einer außerehelichen Verbindung des Columbus mit der Spanierin Beatrice Enriquez und am 15. August 1488 geboren. Er wurde in Cordova erzogen und machte noch in jungen Jahren die vierte und letzte Reise seines Vaters von 1502—4 nach Westindien und Mittelamerika mit. Im Jahre 1509 ging er zum zweitenmale nach Westindien und scheint die neue Welt auch noch ein drittes Mal besucht zu haben, doch läßt sich das Jahr nicht angeben. Dann bereiste er Italien, fast ganz Spanien und Portugal, England, Frankreich und die Schweiz, Deutschland und die Niederlande. Er war wissenschaftlich vielseitig thätig, legte eine bedeutende Bibliothek an, versuchte sich als Dichter, beschäftigte sich mit Rechtswissenschaft, zeigte aber vor allem Neigung und Geschick für Kosmographie. Bei dem Handel um die Molukken, die Karl V. an Portugal 1529 verkaufte, mußte Ferdinand Columbus eine, jetzt leider verlorene Denkschrift verfassen. Er starb zu Sevilla im Jahre 1539. Seine Bibliothek, die etwa 20 000 Bände, Druck- und Handschriften umfaßte, wird noch, allerdings lange Zeit verwahrlost und auf 4000 Bände zusammengeschmolzen, dort als Biblioteca Colombina aufbewahrt. Besonders berühmt ist nun Ferdinand Columbus durch die Lebensbeschreibung seines Vaters geworden, mit der es aber eine ganz besondere Bewandtnis hat. Es erschien nämlich im Jahre 1571 in Venedig ein Werk unter dem Titel Historie del Signor D. Fernando Colombo, d. h. „eine wahre Beschreibung des Lebens und der Thaten des Admirals Christoforo Colombo, seines Vaters, und der Entdeckung, die er in Westindien, genannt die Neue Welt, machte, neuerdings von Alfons Ulloa aus dem Spanischen ins Italienische übersetzt." Ferdinand Columbus bezeichnet sich selbst darin als Verfasser der Biographie seines Vaters; und diese soll von Ulloa aus dem Spanischen ins Italienische übertragen worden sein.

An und für sich scheint die Darstellung unbedenklich, bei näherer Erwägung begegnet man aber so großen Schwierigkeiten, sowohl was die Beweise für die Echtheit der Schrift im ganzen als in Einzelheiten betrifft, daß man unmöglich die Historien, wie bisher, für den Grund- und Eckstein im Aufbau der Lebensgeschichte des Admirals halten kann.

Zunächst wirft sich uns die Frage auf: Warum ist, wenn Ferdinand der Verfasser ist, die Geschichte nicht italienisch geschrieben? Ferdinand hielt stets an der italienischen Abkunft fest, er erklärte in seinem Testamente, er sei der Sohn des Genuesen Chr. Colons. Er sprach auf seinen Reisen außerhalb Spaniens stets italienisch, er umgab sich nur mit Genuesen, seine Freunde, seine Agenten, seine Bankiers und sein Testamentsvollstrecker — alles waren Landsleute, und so wurden auch bei seiner Leichenfeier alle in Sevilla befindlichen Genuesen eingeladen. Und dieser Mann sollte das Leben seines Vaters in einer fremden Sprache verfaßt haben? Möglich ist es, gewiß; denn er lebte und schrieb in Spanien: aber das ist unmöglich, daß er, der sich so entschieden als Italiener als Genuesen ansieht, nicht gewußt haben sollte, wo sein Vater geboren sei. Der Verfasser der historie (cap. 1) weiß dies allerdings nicht. Ferdinand hat von seiner Bibliothek umfängliche Kataloge entworfen und ebenso von seinen eigenen Schriften; aber weder hier noch in seinem ins einzelne gehenden Testamente ist auch nur die geringste Andeutung enthalten, daß er jemals das Leben seines Vaters entworfen oder geschrieben habe. Sicher würde er es als eine wertvolle Hinterlassenschaft namentlich aufgeführt haben. Von dem spanischen Texte existiert weder in Italien noch in Spanien ein Exemplar, sei es gedruckt oder geschrieben. Das Manuskript der Historien soll, wie die Vorrede erklärt, Don Luiz Colon, der Enkel und Erbe des großen Columbus, 1568 nach Genua gebracht haben. Das ist aber eine grobe Unwahrheit, denn Luiz Colon war, der Polygamie mit drei Frauen angeklagt, von 1558—63 auf mehreren spanischen Festungen gefangen und dann zu zehnjähriger Verbannung unter steter strenger Bewachung nach Oran verbannt worden, wo er am 3. Februar 1572 starb. Das Erscheinen des Buches in Italien ist also um so rätselhafter, als die angegebene Erklärung sich als Fälschung des Thatbestandes herausstellt. Nach den Historien soll Ferdinand als Page des Infanten Don Juan bei der Hochzeit dieses Prinzen mit Margarete von Oesterreich, die in Burgos gefeiert wurde, im Juli 1496 zugegen gewesen sein, und doch steht historisch fest, daß die Vermählungsfeier erst im April 1497 stattfand, und daß Ferdinand erst am 18. Februar 1498 zum Pagen und zwar der Königin Isabella ernannt wurde. Darf man es wagen, solche Fehler etwa der Flüchtigkeit oder einer Gedächtnisschwäche des gelehrten Schriftstellers beizumessen? Ferner melden die Historien, Christoph Columbus sei mit großem Pomp in der

Kathedrale von Sevilla beigesetzt. Sollte der Sohn, der in Sevilla lebte, nicht gewußt haben, daß der Vater in der kleinen Karthäuserkirche de la Cuevas außerhalb Sevillas, auf der andern Seite des Guadalquibirs, bestattet worden ist? In seinem Testamente beweist Ferdinand, daß er die Grabstätte des Vaters kennt, und dieses Testament ist unanfechtbar echt. Nehmen wir noch dazu, daß Ferdinand, der einzige aus dem berühmten Geschlechte, selbst in der Kathedrale beigesetzt ist, und daß man sein Grab oft für das des Vaters gehalten hat, denn auf seinem Grabsteine steht auch, nur in einigen Wörtern verändert, der bekannte, auf den Entdecker der neuen Welt bezügliche Spruch:

A Castilla y a Leon
Nuevo Mundo dió Colon.

(An Kastilien und Leon gab Columbus eine neue Welt), während nach Gomara und Oviedo der Originaltext lautete

Por Castilla ó por Leon
Nuevo Mundo halló Colon.

(Für Kastilien und Leon fand Columbus eine neue Welt). Dann ist der Verdacht nicht von der Hand zu weisen, daß auch der Verfasser der Historien das Grab des Sohnes mit dem des Vaters verwechselt hat.

Endlich will uns der unbekannte Verfasser der Historien noch glauben machen, Christoph Columbus sei abliger Abkunft gewesen, und aus seiner Familie seien schon vor dem Entdecker Amerikas mehrere Admiräle hervorgegangen. Nach den oben mitgeteilten Urkunden lassen sich diese Angaben mit der Wahrheit nicht vereinigen und können unmöglich aus der Feder Ferdinands stammen.

Wir haben hier nur solche Irrtümer namhaft gemacht, die Ferdinand nicht begehen konnte. Andere romantische Ausschmückungen sollen später noch vorgetragen werden. Authentisch sind also die Historien, wie sie uns vorliegen, keineswegs. Sie erscheinen vielmehr als eine Tendenzschrift, die den in Spanien verblaßten Ruhm des Entdeckers in seinem Heimatlande wieder auffrischen sollte, die ihn aus der Masse des gewerbtreibenden Volkes herausheben und überall unter ganz besonderen Ereignissen auftreten lassen sollte.

Und doch enthalten sie wiederum viele echte Stücke, die zweifellos von Ferdinands Hand herrühren und ihm von unverdächtigen Zeugen zugeschrieben werden. Vor allem ist hier die Historia de las Indias des berühmten Bischofs Las Casas zu nennen, der seine Geschichte Indiens 1552, in seinem 78. Jahre, begann und sie 1561, fünf Jahre vor seinem Tode, schloß. Zwar erwähnt er auffälligerweise in seiner Einleitung, wo er die zeitgenössischen Geschichtsschreiber und Entdeckerberichte, also Petrus Martyr und Amerigo Vespucci bespricht, eine Biographie des Columbus von der Hand seines Sohnes Ferdinand mit keiner Silbe, wohl aber zitiert er im Text die Berichte Ferdinands in langen Auszügen oft wörtlich, wie in den Historien, ja er nennt seine Quelle mehrfach die historia Ferdinands. Und doch ist es nicht nötig, daraus zu folgern, daß ihm das Werk in der Fassung vorgelegen habe, wie wir es kennen. Las Casas schöpfte fast nur aus den Mitteilungen Ferdinands über die Jugendzeit und über die vierte Reise seines Vaters, die er selber als Knabe mitgemacht, und deren Ereignisse er aufzeichnen konnte. Nun wissen wir ferner, daß Ferdinand 1511 eine Schrift unter dem Titel Colon de concordia verfaßt habe. Aus dieser können die erwähnten Sätze über die Familie, das Vorleben und den Charakter des Columbus entlehnt sein. Aber wenn wir auch gern einräumen, daß alles, was Ferdinand über die Motive zusammengestellt hat, die den Vater zu seiner kühnen Unternehmung bewogen, später von Las Casas und den Historien benutzt werden konnte, und daß er den Bericht über die vierte Entdeckungsreise niedergeschrieben hat, so wird aus diesen Schriftstücken noch lange keine Biographie.

Übrigens konnte in jener Zeit eine Menge handschriftlicher Dokumente und Urkunden von verschiedenen Geschichtsschreibern benutzt werden. Wie dem Bischof Las Casas zahlreiche Originalberichte, darunter das Schiffstagebuch der ersten Reise des Columbus, zur Verfügung standen, so war sicher auch in der Familie des Entdeckers (denn hier suchen wir den Komponisten der 1571 in Venedig erschienenen Historien), sei es in den Papieren des Familien-

Archivs, sei es in den staatlichen Aktensammlungen, vieles zugänglich), was sich auf die Geschichte der Entdeckungs= reisen des Columbus, auf seine zahlreichen Briefe bezog, zugänglich und verfügbar. Dagegen mußte die ganze Vor= geschichte der großen Unternehmungen, das Privatleben des Columbus, ehe er die Augen der Welt auf sich zog, das Privatleben, über dessen Ärmlichkeit er selbst gern den Schleier zog, aus mündlichen Überlieferungen, die immer bestrebt sind, das Bild ihres Helden zu vergrößern, zu= sammen getragen oder nach freiem Ermessen ergänzt werden. Man würde dem ehrenhaften Sohne Ferdinand Unrecht thun, wenn man ihn für diesen Jugendroman des Co= lumbus, wie ihn Las Casas und die Historien vorgetragen, verantwortlich machen wollte.

An solchen Dingen hat auch ein so besonnener Ge= schichtsforscher wie Muñoz, der indes noch voll an die Authenticität der Historien glaubte, Anstoß genommen. Wenn ich sein Urteil über die Historien hier einrücke, so geschieht es auch zugleich in der Absicht zu zeigen, daß manche Quellen zu der Geschichte jener wichtigen Zeit auch andern Personen, als nur dem Sohne des Entdeckers zur Verfügung standen. Muñoz äußert sich über die Historien folgendermaßen: „Dieses Buch ist für den Zeitpunkt, wovon wir handeln, sehr wichtig, indem es alles Wesentliche der Papiere des Entdeckers und verschiedene mit Sorgfalt und Feinheit ausgewählte Bruchstücke buchstäblich enthält. Ich bekenne, daß ich demselben viel zu danken habe, und ich würde noch mehr schuldig sein, wenn ich nicht **einen guten Teil von ebendenselben Papieren, die der Verfasser gebraucht, teils ganz, teils in einem ausführlichen Auszuge und vielleicht noch einen größeren Vorrat von Urkunden** erhalten hätte. Ferdinand Colon (so war die spanische Namensform) war für sein Jahrhundert sehr gelehrt ... doch verfiel er in manchen ungewöhnlichen Irrtum, z. B. in Ansehung der Veranlassung, wodurch der Admiral nach Portugal gekommen. [Auf diesen Punkt werden wir zurückkommen.] Übrigens ist er in den Thatsachen über= haupt zuverlässig und pünktlich . . . Die italienische Über=

setzung ist ohne Zweifel nach einer ungenauen und fehlerhaften Copie gemacht [aber die Vorrede betonte ausdrücklich, daß das Original der Handschrift nach Italien gebracht sei]; . . . man findet eine Menge von fehlerhaften Angaben und andern Ungereimtheiten, die denjenigen, der nicht viel Scharfsinn und Kritik besitzt, leicht in Irrtum führen können. Das Leben des Admirals, mit dieser Vorsicht gebraucht, macht verschiedene Autoren entbehrlich."

Die von Muñoz gewünschte Vorsicht ist unbedingt bei der Jugendgeschichte des Columbus notwendig, und hier wollen wir uns bestreben, sie anzuwenden.

2. Der Roman des Jugendlebens.

Was uns die Historie und Las Casas, gelegentlich auch Oviedo über die Jugendzeit und das Leben des Columbus berichten, ehe dieser nach Spanien kam, ist ein abenteuerlicher Roman, der an den Glauben der Leser recht starke Anforderung stellt.

Je wunderbarer das Auftauchen einer Neuen Welt aus dem dunkeln Schoße des unbekannten Weltmeeres den staunenden Zeitgenossen erschien, um so reicher mußte auch die Legende über die Person des Entdeckers, die es wohl verstand, sich mit Geheimnissen zu umgeben, ihren schillernden Schleier weben. Fast alles, was uns aus diesem Vorleben des berühmten Mannes erzählt wird, gehört nicht auf die Tafeln der Geschichte. Und doch kann sich Las Casas, wie wir leider zugeben müssen, dabei mehrfach auf die brieflichen Mitteilungen des Admirals berufen.

Versuchen wir zuerst festzustellen, was sich aus dem Leben des jungen Columbus urkundlich nachweisen oder als glaubwürdig annehmen läßt.

Christoph Columbus ist in der zweiten Hälfte des Jahres 1446 oder im Frühjahr 1447 höchst wahrscheinlich in Genua geboren und zwar in der Vorstadt vor der Porta San Andrea. Hier hat er jedenfalls seine Jugendzeit in dem Hause seines Vaters verlebt, in jenem Hause, das heutzutage mit einer Gedenktafel geziert ist. Er hat das Gewerbe seines Vaters, die Wollweberei, betrieben und wird bis zum Jahre 1473 in Genua und Savona, wohin sein Vater übergesiedelt war, mehrfach in den Notariatsakten erwähnt. Daß er neben seinem Handwerk sich auch auf der See versucht habe, ist bei einem jungen Manne, der seine Jugend in einer der belebtesten Seestädte zugebracht hat, ganz natürlich; hatte sich doch auch der Vater in verschiedenen Geschäften, wenn auch nicht mit Glück, versucht. Wir wissen, daß Christoph Columbus in seinem 24. Jahre (1470) Wein über See verfrachtete; und endlich wird uns berichtet, daß er im Jahre 1474 auf der damals genuesischen Insel Chios geweilt hat, wo ihn Angelo Banca bei sich beherbergte. Vielleicht galt auch diese Reise einem Weingeschäft. Auf seine Kenntnis der Insel Chios spielt Columbus 1493 an, wo er bei einer in Westindien gefundenen Mastixart daran denkt, dieselbe zu Nutzen des spanischen Fiskus in ähnlicher Weise als Staatsmonopol auszubeuten, wie es die genuesische Regierung mit der Lentiscus von Chios gemacht hatte.

Wie lange Columbus noch in Savona gewohnt hat, läßt sich nicht nachweisen. Da der Vater immer mehr verarmte und 1477 das zweite, letzte Haus in Genua veräußern mußte, so mag damit der Entschluß des nun 30jährigen jungen Mannes in Verbindung stehen, seine Heimat gänzlich zu verlassen und in der Fremde sein Glück zu versuchen.

Er ging nach Portugal. Dort gewann er die Liebe eines Edelfräuleins und heiratete es. Es lebten nämlich im Stifte der Heiligen (de Santos) junge Damen von Adel in klösterlicher Tracht, doch allzeit berechtigt, das Kloster zu verlassen und sich zu verheiraten. Columbus besuchte in diesem Stifte die Messe und lernte dabei die Tochter des ersten Lehnsherrn der Insel Porto Santo bei

Madeira kennen, Namens Philippa Perestrello. Der Vater, Bartolomäus I Perestrello, ein geborener Italiener, stammte aus einem altadligen Geschlechte und war aus Piacenza nach Portugal eingewandert. Er war in zweiter Ehe mit Isabella Moniz vermählt und schon um Neujahr 1458 gestorben. Gemeinschaftlich mit ihrem Bruder Diego Gil Moniz führte nun die Witwe die Vormundschaft für ihren 8jährigen, also etwa um 1450 geborenen Sohn Bartolomäus II Perestrello in Lissabon, während ein Schwiegersohn des ersten Herrn von Porto Santo, Pedro Correa da Cunha von 1458—1473 die Insel verwaltete.

Mutter und Tochter lebten in Lissabon; dort mag auch die Ehe vollzogen sein; wenngleich auch auf Madeira seit 1430 eine Pfarrkirche bestand, also auch dort die Trauung vollzogen sein konnte, vorausgesetzt, daß man annimmt, die Familie habe auf ihrer Insel gelebt. Ein ausgezeichneter Kenner der Geschichte, Henry Harrisse, ist der Ansicht, die Hochzeit habe in Lissabon stattgefunden, denn niemand aus der Familie der Moniz habe im 15. Jahrhundert außerhalb Portugals gewohnt und also auch die Tochter der Isabella Moniz gewiß nicht, da diese durchaus nicht in Porto Santo leben wollte.

Es läßt sich aber darüber nichts Sicheres feststellen, da weder in Portugal, noch auf den Inseln Madeira und Porto Santo auch nur ein Schriftstück, ein gleichzeitiger Akt aufgefunden ist, der die Anwesenheit des Genuesen daselbst, oder seine Heirat oder auch nur seine Anwesenheit in Portugal erwähnt.

Das Leben des Columbus gewann durch diese Heirat, die wohl nicht vor das Jahr 1478 gesetzt werden kann, für einige Jahre einen festeren Halt.

Die Seereisen, die ihn von Portugal bis an die Guineaküste nach Süden und bis nach England im Norden führten, und auf denen er den Ozean kennen lernte, erweiterten seinen Blick und machten ihn mit den Geheimnissen des Weltmeeres vertraut. Er lebte in dem Lande und in der Stadt, wo alle Nachrichten von neuentdeckten Ländern, von fernen Atlantischen Inseln zusammenströmten, wo unter den Seeleuten mehr davon berichtet wurde, als sich bestätigte. Der Stillstand, der in den vom Prinzen Heinrich begonnenen afrikanischen Entdeckungen nach dessen 1460 erfolgtem Tode eingetreten war, hatte mit dem Regierungsantritt des Königs Johann II. sein Ende erreicht, der Geist des Seefahrers belebte von neuem die portugiesischen Seeleute und seit 1481 nahm man einen erneuten frischeren Anlauf, die Ufersäume des schwarzen Erdteils immer weiter zu enthüllen. War man doch auch des materiellen Erfolges sicher, da der Papst am 21. Juli 1481 den Portugiesen den Besitz aller ihrer afrikanischen Entdeckungen durch eine Bulle sicherte. Schon im nächsten Jahre wurde das erste Fort, die erste feste portugiesische Niederlassung, San Jorge de Mina, an der Goldküste in Nordguinea angelegt.

In der Muße und dem Stilleben seiner jungen Ehe konnte sich Columbus seiner Neigung hingeben, zu sammeln, was ihm von atlantischen Fahrten und Treibfunden aus der See gemeldet wurde; aber hier mischten sich Wahrheit und Fabel unentwirrbar ineinander. Um über die allgemeinen kosmographischen Fragen und Lehren unterrichtet zu sein, nahm er eine Geographie, oder wie man damals sagte, ein Imago mundi, d. h. ein Weltbild zur Hand. Es war das 1410 geschriebene Werk Pierre d'Ailly's, des Cardinals von Cambray, das allerdings nur eine der vielen mittelalterlichen kritiklosen Kompilationen aus älteren Werken war, doch von nun an der erste und hauptsächliche Ratgeber des Columbus wurde, ein Werk, das er auf seinen Reisen stets bei sich führte und häufig als seine Autorität zitierte. D'Ailly hatte die Ansichten der alten griechischen und lateinischen Schriftsteller, die Lehren der Kirchenväter und der arabischen Geographen aus- und angezogen, und seine, wenn auch keineswegs richtigen Lehrsätze gingen bei unserm Genuesen in Fleisch und Blut über. Er lernte daraus, daß das irdische Paradies auf einem Berge im fernen Osten liege, und daß das Meer zwischen der Westküste Spaniens und der Ostküste Indiens nach der Ansicht des Aristoteles nur sehr schmal sei, und daß man nach dem Ausspruche Senecas in wenigen Tagen mit günstigem Winde hinübersegeln könne. Ferner eignete er sich auf die Autorität Esdras aus seinem Weltbilde auch die Lehre an, daß die Erdoberfläche zu $6/7$ aus Land und nur zu $1/7$ aus Wasser bestehe. Daß die heiße Zone von menschlichen Ungeheuern belebt sei, hatte schon der Kirchenvater Augustin gelehrt. Endlich wurde aus wunderlichen Voraussetzungen ermittelt, daß vom Jahre 1500 n. Chr. an das jüngste Gericht und damit der Weltuntergang spätestens in 300 Jahren erfolgen werde.

Das waren einige der wesentlichsten Lehren, die sich Columbus angeeignet und in seinen Briefen wieder ausgesprochen hat. Namentlich die Schmalheit des Ozeans mag bei ihm bald als ausgemachte Sache gegolten haben, wofür die Erzählungen von Schiffern, die ferne Inseln und selbst Festländer im atlantischen Ozean wollten gesehen haben, die weitere Bestätigung bilden mußten. Einen solchen Bericht giebt der Historiker Oviedo, allerdings mit allem Vorbehalt. Aber er ist charakteristisch für Zeit und Menschen und mag darum hier eingerückt werden. „Man erzählt sich, daß eine von Spanien nach England befrachtete Karawele, durch widrige Winde aus ihrem Kurs getrieben, tagelang nach Westen steuern mußte, bis man eine oder mehrere Inseln von diesem Teile Indiens fand. Man ging ans Land, traf nur nackte Menschen an, nahm Wasser und Holz ein und wandte sich zur Heimkehr. Nun war zwar das Schiff größtenteils mit Lebensmitteln und Wein beladen; aber da der Rückweg so lang und mühevoll war, und so viele Gefahren und Entbehrungen brachte (denn die Fahrt dauerte 4—5 Monate oder noch länger), so erlag beinahe die ganze Mannschaft), und es kamen nur der Pilo und drei oder vier Matrosen lebendig nach Portugal zurück, aber sämtlich so schwach, daß die Matrosen kurz nach der Ankunft starben. Der Pilot war ein Busenfreund des Columbus; er hatte eine Breitenbestimmung für die Lage des neu entdeckten Landes gemacht und eine Karte entworfen, die er ganz geheim dem Columbus, der ihn darum bat, anvertraute. Columbus nahm den kranken Freund bei sich auf und ließ ihm alle mögliche Pflege angedeihen; aber trotzdem starb der Pilot schon nach kurzer Zeit, und so blieb Columbus allein im Besitz des wichtigen

Geheimnisses. Ob der Pilot ein Andalusier, ein Portugiese oder ein Baske gewesen sei, darüber gehen die Angaben auseinander."

Diese Erzählung ist offenbar erst nach der Entdeckung der neuen Welt entstanden und soll vor allem die ganz ungewöhnliche Art und die Sicherheit erklären, mit der Columbus an seinem Plan und bei seiner ersten Fahrt an dem eingeschlagenen Kurs festhielt, den sich die Seeleute nicht anders zu erklären wußten, als daß er das Ziel genau gekannt und bereits eine Karte von dem erst zu entdeckenden Lande besessen habe. Und doch steckt trotz aller romantischen Ausschmückung der wahre Kern in diesem Schiffermärchen, daß Columbus sein Ziel kannte und nach einer für ihn maßgebenden Karte gerade darauf lossteuerte.

Wir kommen damit auf den später mitzuteilenden Brief Toscanellis, der allein den Wünschen und unsicheren Vorstellungen des Genuesen das Ziel einer transatlantischen Fahrt fest vorzeichnete. Paolo Toscanelli aus Florenz, einer der berühmtesten Gelehrten des 15. Jahrhunderts, (er lebte von 1397—1482[1]), hatte 1474 ein Schreiben an den Kanonikus Fernão Martinez in Lissabon gerichtet und darin empfohlen, statt an der Küste Afrikas nach Süden zu gehen, geradewegs westwärts übers Meer zu steuern; man werde auf diesem Wege am schnellsten Indien erreichen. Um seinen Plan noch anschaulicher zu machen und eindringlicher zu empfehlen, hatte Toscanelli eine Karte beigegeben, auf der die Westküste der alten Welt in Europa und Afrika und im fernen Westen der Ostrand Asiens, die Länder Indien und China zur Anschauung gebracht waren. Aber da die portugiesische Regierung auf diesen Plan, als zu abenteuerlich, nicht weiter einging, wird auch der Brief Toscanellis in Lissabon nicht als Staatsgeheimnis angesehen worden sein. Demnach konnte auch Columbus, als er durch seine Heirat in den höheren Kreisen der Gesellschaft Zutritt erlangt hatte, wohl davon gehört haben, oder man hatte es ihm mitgeteilt, weil man wußte, daß er sich für solche nautischen und kosmographischen Fragen lebhaft interessierte. Columbus schrieb danach an Tosca=

nelli selbst, um sich die Karte zu verschaffen und erhielt
auch eine Abschrift des Briefes an Martinez. Damit sind
wir auf dem realen Boden der Geschichte, auf dem sich
vor den Augen der Zeitgenossen das Leben des Entdeckers
der Neuen Welt abspielen sollte.

Bis dahin aber ist sein Leben vorwiegend romanhaft
ausgeschmückt. Und diesen Roman, wie ihn auch noch bis
jetzt meistens die kleineren Geschichtswerke als Lebens=
geschichte vortragen, wollen wir nun an der Hand namentlich
der Historie kennen lernen. Verglichen mit dem, was nach
den obigen Mitteilungen als glaubwürdig feststeht, wird
dem aufmerksamen Leser bald die Tendenz dieses Romanes
klar werden.

Columbus stammte danach aus vornehmer, abliger
Familie, er hatte einen uralten Stammbaum; denn man
wollte ihn gerne von jenem römischen Prokurator ab=
leiten, durch den Mithridates gefangen nach Rom
gebracht wurde. Leider heißt aber jener römische Würden=
träger nicht Colo, wie man nach einer schlechten Hand=
schrift des Tacitus gelesen hatte, sondern Junius Cilo,
und dieser hat natürlich nichts mit den bürgerlichen
Colombos zu schaffen. Dann werden andere berühmte
„Coloni" herbeigezogen, von deren Thaten Sabellicus
zu erzählen weiß, und endlich zitieren die Historien sogar
eine Stelle aus einem Briefe unseres Columbus, die
folgenden Wortlaut hat: „Ich bin nicht der erste Admiral,
den wir in unserer Familie zählen." Hat Columbus diesen
Ausspruch wirklich gethan, dann ist er ein Prahlhans,
ein Renommist; hat er ihn nicht gethan, dann ist der Ver=
fasser der Historien ein Fälscher. Der Brief ist nicht mehr
vorhanden, wir kennen das Zitat nur aus den Historien.
Die Vorfahren waren vermögend gewesen, aber durch Krieg
und mißliche Verhältnisse heruntergekommen; trotzdem war
es dem Vater möglich, seinen Sohn nach Pavia auf die
Universität zu schicken. Ob die Familie in der Lombardei,
in Piacenza, in Genua oder in einem anderen Küstenorte
gelebt hat, und wo Columbus geboren ist, wird uns nicht
gesagt. Das hätte demnach also auch der Sohn Ferdinand
von seinem Vater nie erfahren können. Aber in Pavia

hat er sich mit Kosmographie, Astrologie und Geometrie beschäftigt und sich in diesen Wissenschaften ausgezeichnet. Unser Erstaunen über diese rasche Aneignung der Wissenschaften wird wachsen, wenn wir erwägen, daß Columbus nach seinen eigenen Worten bereits mit dem 14. Jahre genug studiert hatte und nun sich ununterbrochen dem Seeleben widmete. Las Casas (I, 3) sagt viel bescheidener: „er studierte in Pavia die Anfangsgründe der Wissenschaften, Grammatik und Lateinisch."

„Seit meiner Jugend," schrieb er später, 1501, an den König von Spanien, „seit nunmehr 40 Jahren, bin ich auf der See. Ich habe in der Zeit mit Gelehrten, Geistlichen, Weltlichen, Lateinern, Griechen, Indern (soll heißen Juden), Mohren und Vertretern aller Religionen verkehrt. Ich habe Kenntnisse in der Schifffahrtskunde, Astrologie und Geometrie und verstehe Erdkarten zu zeichnen, Städte, Flüsse und Berge am rechten Orte einzutragen, ich habe mich mit kosmographischen Büchern, auch mit historischen und philosophischen beschäftigt und fühle mich besonders berufen, Indien zu entdecken." Dreiundzwanzig Jahre befuhr er alle Gestade des Mittelmeeres im Osten und Westen (die Levante und Ponente). Leider weiß der Sohn über die Einzelheiten nichts Näheres zu berichten. Doch wird aus einem Briefe, den der Entdecker im Januar 1495 aus Haiti schrieb, folgende Anekdote mitgeteilt: „Der König René gab mir den Auftrag, vor Tunis die Galeazza Fernandina zu nehmen. Ich befand mich bei der Insel San Pietro, in der Nähe von Sardinien, und erfuhr, daß neben der Galeazza noch zwei Fahrzeuge und ein Caracá lägen. Das machte mein Schiffsvolk so verzagt, daß es den Angriff nicht wagte, sondern nach Marseille umkehren wollte, um Verstärkung zu holen. Da ich sah, daß es ohne List nicht abging, so drehte ich die Rose über der Nadel im Kompaß herum und ging am späten Abend unter Segel. Früh morgens bei Sonnenaufgang waren wir schon am Kap von Karthago vorbei, das Schiffsvolk aber meinte, es gehe auf Marseille." René war 1461 und 1472–5 in Krieg verwickelt. Das erste Jahr paßt nicht, weil Columbus da erst 15 Jahre alt war, also kann nur der zweite Zeitraum in Frage kommen. Columbus war 1472 und 1473 in Savona ansässig und als Zeuge vor Gericht gewesen, was nicht ausschließt, daß er sich inzwischen auch auf See beschäftigt habe. Weniger glaubhaft ist, daß ihm als Weber der König René einen Kriegszug als Kapitän aufgetragen und auch, der Erzählung nach, sich in seinem Manne nicht getäuscht hätte. Am allerbedenklichsten, oder rund herausgesagt, als völlig undenkbar erscheint die Sache vom nautischen Standpunkte; und es ist mir unfaßlich, wie sich in neuester Zeit ein Historiker über dieses Ammenmärchen also auslassen kann: „Man wird (hier) die erste öffentliche Aktion des Webers von Savona, Bürgers von Genua, zu sehen haben und sie als ein merkwürdiges Zeugnis seines Emporkommens betrachten müssen; jedes Wort seines Briefes hat sich als sorgsam erwogen erwiesen." Welche Vertrauensseligkeit in die Worte eines Mannes, von dem auf das bestimmteste nachgewiesen werden kann, daß er es mit der Wahrheit nicht immer so genau genommen hat; namentlich, wenn es sich um die Verschleierung seiner Vergangenheit handelt! Ganz anders urteilt ein berufener Fachmann, wie Dr. Breusing, Direktor der Seefahrtsschule in Bremen. „Zunächst," meint er, „muß man voraussetzen, daß die Nacht stockfinster und kein Stern zu sehen gewesen ist; aber es mußte auch ein sehr frischer Wind wehen, wenn das Schiff in einer einzigen Nacht von der Insel St. Pietro bei Sardinien nach dem Kap von Karthago gelangte. Die Entfernung beträgt etwa 180 Seemeilen. Rechnet man 12 Nachtstunden, so hätte das Schiff 15 Knoten laufen müssen, eine Geschwindigkeit, die nicht unmöglich, aber höchst unwahrscheinlich ist. Aber alles dies zugegeben, so hätte Columbus die Mannschaft auch über die Richtung des Windes täuschen und ihnen erklären müssen, wie es möglich sei, daß der Wind plötzlich aus der gerade entgegengesetzten Richtung wehe, ohne daß jemand von diesem Umspringen etwas bemerkt hätte. Das konnte er aber nicht, denn auf nichts wird an Bord so genau acht gegeben, als auf die Richtung des Windes, und schon aus der Vergleichung der Windrichtung mit dem herrschenden

Seegange, d. h. der Richtung der Wellenbewegung, hätte sich die Täuschung ergeben. Die Geschichte ist sehr ungeschickt erfunden und kann nicht von einem Manne herrühren, der so reiche nautische Erfahrungen hatte, wie der Sohn des Columbus."

Ein anderes Geschichtchen soll sich in des Admirals verlorengegangenen „Anmerkungen" über die Bewohnbarkeit aller fünf Zonen finden und nachweisen, daß Columbus frühzeitig bis in die nördlichkalte Zone vorgedrungen ist. „Im Jahre 1477 segelte ich im Monat Februar hundert Leguas (d. h. etwa fünf Breitenkreise) über die Insel Tile (Thule d. i. Island) hinaus, deren Südküste 73 ⁰ und nicht 63⁰, wie einige behaupten, vom Aequator entfernt ist. Sie liegt auch nicht östlich, sondern westlich vom Nullmeridian des Ptolemäus (Kanarische Inseln) und ist so groß wie England. Die Engländer treiben dahin Handel, namentlich von Bristol aus. Und zu der Zeit, als ich dort war, war das Meer nicht gefroren; aber die Flut stieg sehr hoch und zwar an einigen Stellen täglich zwei mal 26 Klafter. (Las Casas begnügt sich mit 25 Klafter.)" Neuerdings, fügen die Historien hinzu, nennt man die Insel Friesland. Dieser Zusatz ist so gegeben, als ob er noch von Columbus herrührte, während Las Casas ihn gewissermaßen als eine Erläuterung seinerseits den Worten folgen läßt. Wir wollen hier nicht auf die vielleicht folgenschweren Ergebnisse dieser Textvergleichung eingehen, sondern uns nur an die Worte des Columbus halten, die, da sie von zuverlässiger Seite verbürgt sind, wieder ein eigentümliches Licht auf seine nautischen Kenntnisse und seine Glaubwürdigkeit werfen. Tile, „die äußerste Thule", wie das Altertum die Insel nannte, lag auf den meisten Karten des 15. und 16. Jahrhunderts an der Küste Norwegens, Friesland war möglicherweise das bei englischen Seeleuten Ferrisland genannte Inselgebiet der Faröer. Aber Columbus hat, nach der nördlichen Lage, Island im Sinne, wohin die Engländer namentlich von Bristol aus Handel trieben. Columbus ist nun aber der einzige Seemann, der diese Insel soweit, bis zu 73⁰ n. Br. nach Norden verlegt und dazu ganz falsch. Wenn er so entschieden betont, die

Spitze liege nicht unter 63° sondern unter 73° n. Br., so muß man annehmen, daß er durch eigne, allerdings ganz verfehlte Breitenbestimmung zu dieser Behauptung gekommen sei. Aber er will auch noch 5 Breitenkreise weiter, also bis zum 78° n. Br. ins Eismeer hineingesegelt sein und dazu noch im Winter! Hören wir doch, wie sich in neuester Zeit ein isländischer Gelehrter über eine solche Fahrt ausspricht. Th. Thoroddsen meint in seiner dänisch geschriebenen „Übersicht über die geographische Kenntnis von Island vor der Reformation", der ganze Bericht sei merkwürdig ungenau und übertrieben, daß man ihn in der Fassung kaum annehmen könnte.

„Island, sagt er, liegt nach der Angabe des Columbus um 9½ Breitengrade zu weit nördlich; die Flut erreicht nach ihm eine ebenso fabelhafte Höhe, als Pytheas (ein Grieche aus Massilia, der zur Zeit Alexanders des Großen die erste Nordfahrt unternahm) sie bei Britannien angab. (Wir können hinzufügen, daß die lateinischen Schriftsteller des Altertums diese Angaben dem Mittelalter übermittelten; und so fand sie wahrscheinlich auch Columbus in seinem Weltbilde und nahm dies Phänomen ohne eigne Prüfung als wirklich an). „Eine Polarreise hundert Meilen nördlich von Island ist um so auffälliger, als sie schon im Februar unternommen sein soll. Es ist auch jetzt noch sehr selten, daß Fischer oder Handelsschiffe in dieser Jahreszeit um Island fahren oder gar in noch höhere Breite gehen. Die beständigen Klagen der Isländer über die belästigenden Überwinterungen der englischen Kaufleute in Island während des 15. Jahrhunderts deuten wohl auch an, daß die fremden Handelsleute damals ebenso wie jetzt im Winter still lagen und nur im Sommer segelten. Eine übrigens richtige Bemerkung von Finn Magnussen, daß Nord-Island im Jahre 1477 schneefrei gewesen sei, beweist in Bezug auf das Treibeis in den Island umgebenden Meeren gar nichts. Das grönländische Treibeis ist zwar oft im Februar noch nicht bis an die Nordküste Islands gekommen, aber die Eiskante des festen Polareises ist zu der Zeit niemals sehr weit von der Küste Islands entfernt und meistens nur einige Meilen weit von Melraktasletta oder Cap Langanes anzutreffen."

Was ist also von der Erzählung zu halten? Vielleicht daß Columbus auf einem Bristoler Schiff bis nach Island gelangt ist, vielleicht! Wäre er bis zu jener Insel gekommen, dann mußte er auch ihren wahren Namen kennen und nennen. Seine Behauptungen sind falsch, soweit wir eigne Beobachtungen annehmen könnten, und unwahr, soweit sie sich aus überlieferten Notizen des Altertums zusammensetzen. Aber alles, was ihm passiert, muß etwas Wunderbares an sich haben.

In einer besser beglaubigten Schrift des Columbus, in dem Tagebuche seiner ersten Entdeckungsreise, spricht er am 21. Dezember 1492 auch von der Weite seiner Seereisen und nennt als die äußersten Landschaften, die er besucht hat, im Norden England, im Süden Guinea. Hier müßte unbedingt Thule oder Island eingesetzt werden, wenn er so weit gekommen wäre. Da es fehlt, so folgt daraus, daß er nicht bis zur Polarzone vorgedrungen ist, und daß die Angaben der Historien und des Las Casas, die sich auf wörtliche Aussprüche des Admirals berufen, mit der Wahrheit schwer in Einklang zu bringen sind.

Etwa um dieselbe Zeit, oder etwa in jenem Jahre, mag auch seine dauernde Übersiedlung zunächst nach Portugal erfolgt sein. Auch die Art, wie er hier ans Land kommt, bildet ein Kapitel in dem Jugendroman. Ich folge hierbei der Darstellung des Las Casas, die ich, mit der Erzählung der Historien verglichen, für älter, für das Original halten möchte, womit zu gleicher Zeit kurz ausgesprochen werden soll, daß sich bei mir die Zweifel an die unverfälschte und unverletzte Überlieferung einer monographischen Arbeit des Ferdinand Columbus mehren. Die Darstellung des Las Casas zeichnet sich durch größere Ordnung, natürlichen Fluß und den roten Faden aus, dem wir vielleicht die ganze Geschichte zu danken haben. Der Kern ist teleologisch. Las Casas verehrte in dem Entdecker der neuen Welt ein besonders auserlesenes Werkzeug Gottes, wofür sich Columbus selbst vor den spanischen Majestäten ausgab, und wollte in dieser Erzählung dem Leser recht deutlich die leitende

Hand Gottes zeigen. Darum beginnt er auch mit der allgemeinen Bemerkung, daß, wenn Gott etwas zum Heil der Völker beschlossen habe, alles zu seiner bestimmten Zeit, weder früher noch später, in Erfüllung gehen müsse. Zu diesen Plänen und Ratschlägen Gottes gehörte es nun ganz besonders, unsern Helden Christoph Columbus nach Spanien zu bringen. Da dieser nun dem Seeleben ergeben war, und da zu jener Zeit ein Namensvetter, Columbo Junior, zum Unterschiede von einem Vorgänger so genannt und als Corsar gefürchtet, mit einem großen Geschwader gegen die Ungläubigen, gegen die Venezianer und andere Feinde seiner Nation kämpfte, so beschloß Columbus, sich ihm anzuschließen und ihm zu dienen, was er auch für eine längere Zeit ausführte.

Dieser Columbo Junior hatte nun vernommen, daß vier venezianische Galeazen von Flandern kämen, und hoffte, sie auf der Küstenstrecke zwischen Lissabon und dem Kap San Vincent aufzufangen und in seine Gewalt zu bekommen. Unglücklicherweise waren die Frachtschiffe dicht bei einander, als Columbo sie angriff, sie leisteten daher hartnäckigen Widerstand und gingen sogar auf ihren Angreifer los. So entstand ein schrecklicher Kampf, nach der höllischen Weise der Seekriege, mit Enterhaken und Eisenketten, mit Feuer- und andern Waffen. Man focht auf beiden Seiten mit solcher Hartnäckigkeit vom Morgen bis zum Abend, daß es viele Tote, Verbrannte und Verwundete gab, dergestalt, daß die geringe Mannschaft kaum noch imstande gewesen wäre, die Schiffe auch nur eine Meile weiter zu bringen. Da geschah es nun, daß das Schiff, auf dem Christoph Columbus focht, und die Galeaze, mit der es verkettet war, zu gleicher Zeit von einem verheerenden Feuer ergriffen wurde. Man konnte sich nicht von einander losmachen. Was noch am Leben war, fand keine andere Rettung, als sich ins Meer zu stürzen. Wer schwimmen konnte, hielt sich eine Zeit lang über Wasser; wer es nicht konnte, zog doch den Tod im Wasser dem im Feuer vor.

Columbus war nun ein guter Schwimmer, er ergriff ein Ruder, das ihn, so oft er sich von der Anstrengung des Schwimmens erholen mußte, über Wasser hielt, und so erreichte er endlich das etwa 2 Meilen entfernte Land, wo man dem blinden, sinnlosen Seegefecht zugesehen hatte.

Zur Erklärung der Zeit, wann dieses Seegefecht geliefert wurde, fügt Las Casas hier Folgendes ein: Dieser Seeschlacht und des genannten Columbo Junior geschieht von Sabellicus (Chronik, 8. Buch, 10. Dekade, S. 168) Erwähnung, wo er schreibt, daß in der Zeit der Wahl Maximilians zum römischen Kaiser[2]) Jeronimo Donato als Gesandter der Signoria von Venedig nach Portugal geschickt wurde, um sich im Namen der venetianischen Regierung beim Könige zu bedanken, weil er die Galeoten und Ruderer der genannten vier zerstörten Galeazen habe kleiden und mit Mitteln versehen lassen, damit sie wieder in ihre Heimat kämen. Dieser Zeitpunkt ist wichtig; wir kommen darauf zurück. Las Casas nimmt den Faden der Erzählung nun wieder auf. Sowie Columbus ans Land gekommen war und von der Lähmung der Beine und von dem langen Aufenthalt im Wasser und den ausgestandenen Mühsalen sich etwas erholt hatte, und als er auch zugleich von einigen Wunden, die er im Kampfe erhalten, genesen war, ging er nach Lissabon, das nicht sehr ferne lag, denn hier waren, wie er wußte, immer Landsleute zu treffen. Von diesen wurde er sehr freundlich aufgenommen, vielleicht, weil man seine Verwandtschaft oder seinen Vater kannte (?); hauptsächlich aber empfahl ihn seine ansehnliche Persönlichkeit. Man nahm sich dann seiner an und unterstützte ihn in jeder Weise, sodaß er sich bald von seinen Strapazen erholte. So verging eine kurze Zeit. Da er nun von angenehmem Äußeren war, sich fein zu benehmen wußte und auch die Sitte eines guten Christen nicht versäumte, sondern meistens im Kloster de Santos die Messe besuchte, wo es gewisse Superiorinnen (comendadoras) gab (von welchem Orden, das habe ich nicht erfahren können), so kam er dort zufällig mit einer dieser Comendadoras, namens Doña Felipa Moñiz, die aus vornehmer Familie stammte, ins Gespräch und hat sich schließlich mit ihr vermählt. Sie war die Tochter eines Ritters, namens Bartolomeo Moñiz Perestrello, Vasall des Infanten Don João von Portugal, Sohn des Königs João I. Weil Perestrello aber schon tot war, lebte Columbus im Hause seiner Schwiegermutter." —

Das Auftreten des Columbus ist also bei dieser Darstellung mit ganz romantischen Umständen verknüpft, infolge deren der Held sofort die Augen der Menge auf sich zieht; seine Rettung dünkt uns fast ein Wunder. Das soll es aber nach Las Casas auch sein, so ist es von Gott vorher bestimmt. Dem modernen Menschen möchte es eher als ein prächtig erfundenes Motiv erscheinen, mit dem eine höchst romantische Oper, etwa im Stile Wagners, ihren Helden einführt. Doch darf man ja nicht an der Sache zweifeln, Las Casas belegt das Ereignis mit Quellennachweis. Wir erfahren ganz bestimmt, daß etwa im Februar 1486 die Signoria von Venedig durch einen besonderen Gesandten dem König von Portugal ihren Dank für die Unterstützung der überlebenden Schiffbrüchigen aussprechen ließ. Natürlich fällt das Gefecht etwas früher. Aus den geheimen Akten Venedigs läßt sich das Datum des Seegefechtes genau auf den 22. August 1485 festlegen. Und in Folge dieses Gefechts rettete sich Columbus nach Portugal ans Land? Keineswegs! Im Sommer 1485 war er bereits seit Jahren mit Felipa Perestrello verheiratet, denn sein ältester Sohn ist schon 1479 geboren; ja zu jener Zeit hatte er Portugal schon wieder verlassen und sich nach Spanien gewandt. Also kann die Erzählung nicht in der Art, wie sie uns vorgetragen ist, wahr sein. Ein anderes Seegefecht zu einer anderen früheren Zeit hier heranziehen, muß doch als ein Akt der Verlegenheit erscheinen, nur um das romantische Geschichtchen zu retten. Lieber ist mir die offene Erklärung: die Anekdote ist erfunden. Von wem? Von Las Casas? Gewiß nicht. Von diesem ist sie nur gläubig aufgenommen, wie sie ihm mitgeteilt ist. Und wenn wir weiter nach der Quelle forschen, werden wir durch Vermutungen wohl nur auf Columbus selbst geführt, der sich gern durch solche und ähnliche Angaben ein Ansehen geben wollte. Wir haben leider genug Fälle zu verzeichnen, wo er es mit der Wahrheit nicht genau nahm, und werden einen solchen Fall auch hier finden. Wie er sich bei seiner angeblichen Polarfahrt nördlich von Island gebrüstet mit einer Leistung, die er nicht ausgeführt hat, so wird's auch hier sein. Die Portugiesen, denen er mit solchen Ruhmredigkeiten imponieren wollte, haben die Sache durchschaut; ihr erster Geschichtsschreiber Barros nennt ihn einen ruhmredigen Schwätzer (homem fallador o glorioso). Dahin muß man auch seine Behauptung rechnen, daß er auf seinen Fahrten nach Guinea und nach der portugiesischen Niederlassung La Mina an der Goldküste die Beobachtung gemacht habe, ein Breitengrad sei $56^2/_3$ Millien lang. Wir wollen gern annehmen, daß er mehrere Fahrten nach dem portugiesischen Afrika gemacht und entnehmen auch aus der Erwähnung des Kastells in Mina, das erst 1482 gegründet wurde, daß Columbus seine Fahrten erst mehrere Jahre nach seiner Verheiratung unternommen haben kann; aber daß er dabei zur See so genaue Messungen eines Breitengrades habe ausführen können, ist einfach eine haltlose Großthuerei, deren Wert oder Unwert sich leicht nachweisen läßt. Die Behauptung hat zur notwendigen Voraussetzung, daß es dem Seemann Columbus möglich war, genaue Breitenbestimmungen zu machen, daß er mit großer Sicherheit bei einer Fahrt an der Küste Afrikas bestimmen konnte, wann das Schiff wieder bei seiner nordsüdlichen oder südnördlichen Fahrt den Abstand zweier Breitenkreise durchsegelt habe. Wie schwach wenige Jahre vorher in dieser Beziehung seine Leistungen waren, sahen wir bei seiner angeblichen isländischen Bestimmung, wonach er diese Insel um beinahe zehn Grade nördlicher rücken wollte, als damals ziemlich allgemein und jedenfalls richtiger angenommen wurde. Dann wird aber, was eher möglich, anzunehmen sein, daß der Seemann nur nach der Geschwindigkeit der Fahrt die zurückgelegte Strecke zu schätzen weiß.

Und alles dies zugegeben, so war das Ergebnis der Beobachtung, wonach ein Erdengrad $56^2/_3$ Millien lang sein sollte, längst vor Columbus bekannt. Schon die arabischen Astronomen, die im Anfange des 9. Jahrhunderts auf Befehl des Chalifen Al Mamun eine Erdmessung ausgeführt hatten, waren zu diesem Ergebnis gelangt, und im Abendlande finden wir es in den Schriften Alberts des

Großen, so daß also die von Columbus als sein Verdienst
in Anspruch genommene Zahl schon längst in den Welt-
bildern zu finden war. Man wird nach solcher Wahrnehmung die Angaben der Zeitgenossen, die sich dem See-
manne gegenüber als Laien fühlten, von der Geschicklichkeit
und dem nautischen Wissen des Columbus immer noch
mit Vorsicht, ja mit Argwohn aufnehmen müssen.

Wann Columbus nach Portugal gekommen ist, steht
nicht fest. In den Akten von Savona verschwindet sein
Name um 1474, eine Reise nach England, oder gar nach
Island im Jahre 1477 erwähnt er selbst. Möglicherweise
wurde sie bereits von Portugal aus unternommen. Nach
der Rückkehr muß bald die Verheiratung mit Felipa
Moñiz Perestrello stattgefunden haben, vorher und
jedenfalls nachher fallen einige Seereisen nach Guinea.
Das ist alles, was als historisch gelten kann. Was
Columbus in der Zwischenzeit getrieben, wo er gelebt hat,
oder wo seine Schwiegermutter gewohnt hat, in deren
Hause er zunächst blieb, das läßt sich nur in dunkeln
Umrissen erkennen.

Daß er einen großen Teil seines portugiesischen Aufent-
halts in Porto Santo zugebracht haben sollte, ist nicht
sehr wahrscheinlich. Einerseits spricht die Abneigung der
Familie Moñiz gegen den Aufenthalt, andererseits, daß die
Mutter sich müßte von ihrer im Kloster weilenden Tochter
völlig getrennt haben und endlich auch der unruhige, unter-
nehmungslustige Geist des Columbus selbst. Die Insel Porto
Santo wurde durch den Schwager verwaltet, und für die
Familie war der Aufenthalt in der Hauptstadt jedenfalls angenehmer; dort konnte Columbus den litterarischen Nachlaß
seines Schwiegervaters, Schriften und Seekarten studieren
und, da er zweifelsohne eine lebhafte Einbildungskraft besaß,
alles, was über die Fahrten der Portugiesen im Ozean
bekannt geworden war, sammeln, auch alle die Schiffer-
berichte von fernen, gesehenen oder betretenen ozeanischen
Eilanden erfahren. In Portugal nahmen die afrikanischen
Entdeckungen in den achtziger Jahren des 15. Jahrhunderts
wieder einen bedeutenden Aufschwung, keine Seestadt zeigte
ein bewegteres Leben als der Hafen von Lissabon.

Entdeckungsreisen machen, neue Länder oder Inselgruppen aufsuchen, verhieß Ruhm und Gewinn, der Familienbesitz von Porto Santo konnte dafür vorbildlich gelten. War es da für einen Mann wie Columbus, der den engen Verhältnissen der Heimat entschlossen den Rücken gewandt hatte, nicht ganz natürlich, daß er sich dieser Strömung ganz hingab, daß er sich nur dem Seewesen widmete, und bei seinem wißbegierigen Geiste auch nach einer wissenschaftlichen Bildung strebte?

Daß die Verbindung mit der vornehmen Kolonistenfamilie der Perestrello ihn auf die Entdeckerlaufbahn gebracht, darf als sicher angenommen werden; und wenn später die von ihm vorgebrachten Gründe für seinen Plan doch des strengen wissenschaftlichen Prinzipes entbehrten, so lag das ebensowohl in seinem Naturell als in seinem Entwicklungsgange. Die Schwächen seiner Beweisführung deckte er mit der Zuversicht, die ihm seine lebhafte Einbildungskraft, der Glaube an seine Sache einflößte, und mit einer Beredsamkeit, die dem blinden Glauben vor allem zu gute kommt. Vor einem wissenschaftlich prüfenden Gericht konnte er nicht bestehen; vor Laien, die weniger die vorgeschlagenen Mittel und Wege zu beurteilen wußten, dagegen durch die in Aussicht gestellten Folgen bestochen wurden, vor Laien konnte er Beifall und Unterstützung finden.

Darauf beruht im wesentlichen der Unterschied seiner Schicksale in Portugal und Spanien.

Ferdinand Columbus hat in einem echten Stücke seiner Historien, das durch Las Casas beglaubigt wird, alle Gründe zusammengestellt, die, jedenfalls nach den eigenen Mitteilungen des Vaters, diesen bewogen haben sollen, eine Westfahrt zu unternehmen, um, wie Ferdinand sagt, Indien zu entdecken. Er gliedert sie in drei Gruppen: 1) natürliche Gründe, 2) Autorität von Schriftstellern, 3) Anzeigen der Seefahrer.

Zu den natürlichen Gründen gehört vor allem die Kugelgestalt der Erde. Ferner war durch zuverlässige Schriftsteller erwiesen, daß ein großer Teil des Erdballs bereits mit Schiffen befahren war, und daß nur noch der Teil zu entdecken war, der zwischen dem schon Ptolemäus und Marinus bekannten Osten Asiens und westlich von den Azoren und Kapverden lag. Dieser noch unbekannte Teil konnte aber nicht größer sein als etwa ein Drittel des Erdumfangs. Da nun dieser Teil von Meer bedeckt war, so konnte die Überfahrt nach dem Osten Asiens nur wenig Zeit in Anspruch nehmen. Diese Ansicht wurde durch Ansprüche klassischer und arabischer Schriftsteller unterstützt. Daß alle diese wissenschaftlichen Erwägungen nicht auf Columbus, sondern auf Toscanelli zurückgehen, und von Columbus nur aufgenommen sind, werden wir im Folgenden ausführlich zeigen.

Schon Aristoteles hatte gelehrt, daß der Abstand von Spanien nach Indien gar nicht groß sein könne, und Seneca hatte den Ausspruch gethan, man müsse mit günstigem Winde in wenigen Tagen über dieses Meer aus jenseitige Gestade gelangen können. Auch wies man auf den prophetischen Ausspruch des Dichters Seneca in dem Trauerspiel Medea hin:

> Venient annis
> Saecula seris, quibus Oceanus
> Vincula rerum laxet et ingens
> Pateat tellus, Tiphysque novos
> Detegat orbes nec sit terris
> Ultima Thule.

Die Historien übersetzen diese Verse folgendermaßen: „In den spätesten Zeiten werden Jahrhunderte kommen, in denen der Ozean die Bande und die Fesseln der Dinge lösen und man ein großes Land entdecken wird, und ein anderer wie Tiphys (der Steuermann der Argo) wird neue Welten entdecken und Thule wird nicht mehr das äußerste Land sein." Der Erklärung folgt noch folgender beachtenswerter Ausspruch der Historie: „Es gilt jetzt als ganz sicher, daß dies sich in der Person des Admirals erfüllt hat." Thule soll nicht mehr das äußerste Land sein, folglich mußte Columbus auch über diese Insel weit hinausgesegelt sein, und wäre es, um das Wunder noch handgreiflicher zu machen, selbst mitten im Winter. Sollte da nicht der Verdacht sich regen, daß jene Nordfahrt über

Island hinaus erfunden ist, um die Weissagung Senecas in allen Zeiten zu erfüllen?

Die richtige Lesart setzt statt Tiphys die Meeresgöttin Thetis. Danach erklärt Humboldt die Stelle folgendermaßen: „Der Chor hebt damit an, den Mut der Seefahrer zu feiern; aber seitdem die Argonauten ihre ruhmvolle Fahrt unternahmen und glücklich beendigten, ist das Meer überall geöffnet; jedes Schiff durchläuft die hohe See, die ganze Welt ist zugänglich geworden. Der Inder bringt bis zu dem beeisten Araxes vor, und der Perser trinkt das Wasser der Elbe und des Rheines." Nun folgt unsere Stelle: „Wenn der Ozean die Bande zerrissen haben wird, mit denen er nach den Begriffen der homerischen Geographie den Erdkreis umschließt, und dieser Erdkreis jeder Art von Verbindung offenstehen wird (ingens pateat tellus), dann wird in künftigen Jahrhunderten das Meer (Tethis) neue Länder enthüllen, und Thule wird nicht mehr der entferntste Punkt der bekannten Welt sein." Wie bei allen Propheten ist auch hier von den Zeitgenossen des Columbus die Deutung geradezu auf die Entdeckung Amerikas zugeschnitten, während wir nach Humboldts Erklärung nur den Hinweis auf eine allgemeine, unbestimmte Erweiterung des Gesichtskreises durch Befahrung des Ozeans in jenen Zeiten der Dichtung vor uns sehen.

Von mittelalterlichen Reisenden werden die Berichte Marco Polos über den äußersten Osten Asiens, sowie die Lügengeschichten John Mandevilles als Autoritäten herangezogen, dann aber auch der Hauptgewährsmann, der Bischof von Cambray Pierre d'Ailly nicht vergessen.

Nach dem natürlichen Laufe der Dinge darf man wohl annehmen, daß Columbus zuerst allerlei Mitteilungen von Seeleuten über wirkliche oder vermeintliche Entdeckungen im atlantischen Ozean vernommen und gesammelt hat, und daß diese Nachrichten ihn allmählich auf den Gedanken brachten, Länder jenseits des Meeres zu suchen. Dazu bedurfte er aber der Unterstützung eines Fürsten, der ihm die bedeutenden Mittel zu diesem Zwecke bewilligte; und um diese zu gewinnen, mußten die Gründe für eine solche Entdeckungsfahrt stichhaltig sein. Es genügte nicht, sich auf Schifferaussagen zu berufen; ihre Wahrheit mußte durch wissenschaftliche Gründe, durch das Ansehen berühmter Schriftsteller gestützt und erhärtet werden. Und so begann denn Columbus sich nach den Lehren der Kosmographen umzusehen und die Aussprüche alter und neuer Autoren mit ins Feld zu führen. Sicherlich bildeten aber die Seemannsberichte den Anstoß, die Gedanken des unternehmungslustigen Genuesen nach einer bestimmten Richtung, nach einem Ziele zu fesseln; darum sind diese Seegeschichten, die alle ein anekdotenhaftes Gepräge tragen, uns so ausführlich aufbewahrt und erhalten. Sie lauten so:

"Ein Pilot des Königs von Portugal, namens Martin Vicente, sagte aus, daß er einmal 450 Meilen westlich vom Kap St. Vicente ein Stück Holz aus der See gefischt habe, das ohne Hilfe von eisernen Werkzeugen künstlich geschnitzt war. Offenbar war es mit westlichen Winden tagelang fortgetrieben und stammte von Inseln im fernen Westen. Ebenso versicherte der Schwager des Columbus Pedro Correa, daß ein ähnlich geschnitztes Holz an den Strand von Porto Santo angetrieben sei, und daß in gleicher Weise mit Westwind starkes Rohr angeschwemmt werde, das von Knoten zu Knoten drei Maß Wein (9 Karaffen) fassen konnte. Correa hatte darüber auch mit dem Könige von Portugal gesprochen, und dieser sich das Rohr zeigen lassen. Columbus sprach seine feste Überzeugung dahin aus, daß dieses Rohr von einer oder mehreren nicht fernen Inseln Indiens stamme und durch Wind- und Meeresströmung an das Gestade Europas getrieben werde, denn in unserm Gebiete wachsen derartige Pflanzen nicht. Ferner berichteten Ansiedler der Azoren dem Columbus, daß bei anhaltendem West- und Nordwestwinde Fichtenstämme angetrieben würden, besonders an den Strand von Graciosa und Fayal, wo es keine Fichten gäbe. Andere wieder erzählten, es seien an der Azoreninsel Flores einmal zwei Leichen angetrieben, von einer ganz fremden Menschenrasse. Auch wurden am Cabo de la Verga (auf den Azoren) Böte (Almadias) mit leichten Dächern gesehen, die, in ihrer Heimat von Insel zu Insel fahrend, vom Sturm überrascht übers Meer entführt waren und mit ihren Insassen, einer Menschengattung, von der man zuvor nie hatte reden hören, bis zu den Azoren getrieben waren."

Schon Humboldt hat darauf hingewiesen, daß der Wind allein nicht, wie man zu jener Zeit des Columbus annahm, imstande sei, die genannten Gegenstände und Menschen von der neuen Welt über den Ozean bis zu unseren Gestaden zu entführen, daß es vielmehr den damals in ihrer Ausdehnung und ihrem Verlaufe unbekannten Meeresströmungen zugeschrieben werden müsse, wenn wirklich amerikanische Erzeugnisse bis zu den Azoren gelangten.

"Dieselbe Bewegung der Gewässer an der Oberfläche des Meeres, welche im 15. Jahrhundert die Bambus- und Fichtenstämme an den Strand der Azoren und von Porto Santo warf, bringt jährlich Samenkörner tropischer Gewächse nach Irland, den Hebriden und Norwegen, zuweilen selbst wohlerhaltene Fässer mit französischen Weinen, den Überrest der Ladung von Schiffen, die in dem Meere der Antillen Schiffbruch gelitten haben. Die Trümmer des Kriegsschiffes The Tilbury, das in der Nähe von Jamaika in Brand geriet, wurden durch den Golfstrom an die Küste von Schottland getrieben. Noch mehr, Fäßchen mit Palmöl gefüllt, die einen Teil der Ladung englischer Schiffe ausgemacht hatten, welche in der Nähe des Kaps Lopez an den Küsten von Afrika gescheitert waren, wurden ebenfalls in Schottland an das Ufer gespült, nachdem sie zweimal den atlantischen Ozean durchwandert hatten." (Kritische Untersuchungen I, 464). Auch Menschen sind mehrfach von Amerika her an die Küsten Europas verschlagen. Das älteste bekannt gewordene Beispiel teilt der römische Schriftsteller Pomponius Mela mit. Danach bekam der Prokonsul Metellus Celer von einem gallischen Könige mehrere Indianer geschenkt, die durch Stürme an die Küsten Deutschlands verschlagen waren. Ferner erzählt Kardinal Bembo in seiner Geschichte von Venedig, daß ein französisches Schiff im Jahre 1508 nicht weit von der englischen Küste auf dem Ozean ein Fahrzeug mit amerikanischen Eingeborenen angetroffen habe.

Alle diese Beobachtungen, die Columbus sammelte, bewiesen gewiß das Vorhandensein von unbekannten Inseln oder Ländern im Westen, und es war ganz erklärlich, daß man beim Anblick der mächtigen Bambusrohre an Indien dachte, wo nach den Angaben des Ptolemäus diese Rohre in dichten Massen wuchsen. Aber man konnte aus allen solchen Berichten und Geschichten keinen sicheren Schluß weder für die Entfernung jener Inseln von den Azoren oder Porto Santo, noch von ihrer Lage machen, sodaß eine Entdeckungsfahrt als zielloses Abenteuer erscheinen mußte.

Anders gestaltete sich die Sache, wenn wirklich von Seeleuten schon Land gesehen worden war. Auch diese Nachrichten hatte Columbus gesammelt. So erzählte ihm Antonio Lema, ein Bewohner der Insel Madeira, daß, als er einst mit seiner Karawele weit nach Westen hinausgesegelt sei, drei Inseln in Sicht gekommen wären, die nicht zu den Azoren gehörten. Und Las Casas fügt noch hinzu, daß die Bewohner von Gomera und Ferro (Kanarische Inseln) und ebenso die Bewohner der Azoren eidlich versichert hätten, ihre Seeleute sähen beinahe alle Jahre im Westen einige Inseln. Das konnten möglicherweise die von Plinius (II. 97) erwähnten Inseln oder die damals mehrfach in den Karten verzeichnete St. Brandans-Insel gewesen sein. Im Jahre 1484 kam sogar ein Bewohner von Madeira zum Könige von Portugal und bat um eine Karawele, er wollte ein Land entdecken, das er alle Jahre immer an derselben Stelle und in denselben Umrissen gesehen hatte, sodaß Täuschung etwa durch Nebelbänke ausgeschlossen schiene. Auch die Seekarte bestätigt zum Teil den Wahn, als ob es im atlantischen Ozean zahlreiche, nicht allzufern von den europäischen Gestaden gelegene Inseln oder Inselgruppen gäbe. Man findet eine Brazil-Insel, Brandans-Insel, von der wohl die nach einsamen Inseln das Meer durchstreifenden irischen Anachoreten zuerst berichteten. Ferner gabs eine Insel der sieben Städte, zu der spanische Christen beim Einbruche der Mauren geflüchtet sein sollten, und endlich taucht seit dem Anfange des 15. Jahrhunderts auch eine Insel Antilia, rätselhafter Abkunft, aber um so hartnäckiger, aus dem Schoße des

Weltmeeres hervor. An diese Insel sollte schon zu Zeiten des Prinzen Heinrichs des Seefahrers ein portugiesisches Schiff geraten und von den Bewohnern freundlich aufgenommen sein. Man bat sie, so lange an Land zu bleiben, bis der Herrscher käme, aber die Schiffer fürchteten, dann festgehalten zu werden und verließen die Insel wieder. Sie hofften vom Prinzen Heinrich für ihre Entdeckung eine Belohnung zu erhalten, aber dieser verlangte von den Seeleuten, sie sollten die Fahrt noch einmal machen, was aber der Kapitän nicht wagte. Sie sagten auch, daß die Schiffsjungen neben dem Feuer Sand oder Erde auflasen, die sehr viel Gold enthielt. Andere Schiffe suchten dann wieder die Insel zu erreichen; so segelte Diego Detiene mit seinem Piloten Pedro de Velasco aus Palos (1452) dahin und hatte, wie er dem Columbus später im Kloster Sa. Maria de la Rabida erzählte, von Fayal aus ostwärts steuernd, die Insel Flores erreicht, dann nordöstlichen Kurs eingeschlagen und war schließlich an die Südspitze von Irland gelangt. Wieder ein anderer Seemann wollte auf dem Wege nach Irland so weit nach Westen abgetrieben sein, daß er die Küste der Tatarei in Sicht bekam. Wieder ein anderer Seemann, Hermann Dolinos (so nennt ihn wahrscheinlich richtig Las Casas), erzählte dem Columbus in Murcia, daß er auf der Fahrt nach Irland so weit nordwestlich von dieser Insel vorgedrungen sei, daß er wahrscheinlich jene Küste, die man später terra de los Bacallaos (Neufundland) nannte, gesehen habe. Der portugiesische Pilot Vicente Diaz aus Tavira sah auf der Fahrt von Guinea nach der Azoreninsel Terceira auf der Höhe von Madeira im Westen eine Insel oder Festland, wie es ihm schien. Auf Terceira teilte er sein Geheimnis einem reichen genuesischen Kaufmann, Luca di Cazzana mit, der, nachdem er sich vom König von Portugal die Erlaubnis ausgewirkt hatte, seinen Bruder Francesco di Cazzana in Sevilla beauftragte, ein Schiff unter Vicente Diaz auszusenden; allein dieser ging nicht darauf ein, der Pilot kam also nach Terceira zurück und segelte auf einem von Luca gestellten Schiffe drei- oder viermal über 100 Meilen vergeblich nach Westen.

Man sieht, daß alle diese Schiffersagen so nebelhaft verschwommen sind, wie die Nebelbänke auf See, denen sie wohl ihr Dasein verdanken; und selbst wenn man die angedeuteten Meeresräume, in denen die ersehnten Eilande auftauchen sollten, schärfer ins Auge faßt und ihre Lage feststellen will, so hat man immer eine Flucht von dreißig Breitengraden, von der Breite der Kapverden vielleicht bis nach Neufundland; und auf einem so breiten Gürtel des Ozeans irgendwo im Westen Land zu finden, blieb immer ein höchst zweifelhaftes Abenteuer.

3. Toscanellis Plan und Colons Ausführung.

So standen also bis dahin die Aussichten auf eine Entdeckerlaufbahn für den Genuesen keineswegs günstig. Hier konnte nur eine wissenschaftliche Autorität ersten Ranges fördern und den Ausschlag geben. Das war der berühmte Florentiner Arzt und Naturforscher Paolo dal Pozzo Toscanelli (geb. 1397, gest. 1482). Bei der lebhaften Teilnahme, die man namentlich in Italien allen Entdeckungsversuchen der Portugiesen an der Küste Afrikas erwies, und später, nachdem Indien durch Vasco da Gama aufgefunden war, auch auf die ozeanischen Unternehmungen der Spanier übertrug, war es ganz natürlich, wenn man sich in wissenschaftlichen Kreisen auch die Frage vorlegte, ob es nicht einen kürzeren und schnelleren Weg nach Indien gäbe, als den, auf welchem sich bereits seit einem halben Jahrhundert die Portugiesen bewegten, ohne dem Ziele erheblich und sichtlich näher zu kommen. Ganz Süd- und Ostasien faßte man unter dem Namen Indien zusammen; man kann sogar sagen, daß alle Länder an dem jetzt so genannten indischen Ozean damals Teile Indiens bildeten. Selbst Madagaskar und Sansibar gehörten ebenso gut dahin wie Arabien und China.

Nun waren alle jene gesegneten, und was Südostasien besonders betrifft, dicht bevölkerten reichen Landschaften fast ausschließlich von Italienern, Kaufleuten und Mönchen besucht, und wenn neben den glaubwürdigen Briefen der Missionare und den ehrlichen Erzählungen der Kaufleute (wir denken dabei vor allem an Marco Polo) auch irreleitende Lügen aufgetischt wurden wie in dem viel gelesenen und — geglaubten John Mandeville, der sicher niemals den fernen Orient gesehen hatte; so blieb doch so viel Wahrheit und sichere Beobachtung übrig, daß man aus den zurückgelegten Reisemärschen wenigstens annähernd den Abstand Ostasiens von Europa abschätzen konnte. Nehmen wir dazu, daß im 15. Jahrhundert Ptolemäische Karten wieder verbreitet und studiert wurden, und daß man die von jenem klassischen Geographen nach Graden angegebenen Entfernungen mit den Reiselinien neuerer Landwanderer vergleichen konnte, so ergiebt sich bei dem Ansehn, das Ptolemäus genoß, von selbst, daß man seine Darstellung zu Grunde legte und die Angaben Marco Polos damit in Einklang zu bringen suchte, was auch um so eher gelang, als Ptolemäus den Abstand Ostasiens von Westeuropa viel zu groß angenommen hatte und auch Polo, über viele hohen Gebirge, zwar immer in östlicher Richtung, aber doch nicht immer gerade nach Osten reisend, eine übertriebene Vorstellung von der Größe Ostasiens gewinnen mußte und aussprach.

Diese Berichte kannte Toscanelli und war als ein Freund der Kosmographie wohl einer der ersten, der sich aus Ptolemäus und Marco Polo ein Bild von Ostasien kartographisch zu entwerfen wagte. Dieses Bild gewann erhöhte Bedeutung, als ein jüngerer Reisender, Nicolo de Conti, kurz vor der Mitte des 15. Jahrhunderts nach Italien heimkehrte und Toscanelli in seiner Vaterstadt sah, wohin Conti sich gewandt hatte, um sich vom Papste Eugen IV., der damals in Florenz weilte, Ablaß zu erbitten, weil er, auf seinen Reisen, schiffbrüchig und mit dem Tode bedroht, zum Islam übergetreten war und nun in christlichen Ländern wieder zu dem Glauben seiner Väter zurückzukehren begehrte. Conti hatte Indien und die zahllosen Eilande der Sundawelt, dieses üppigsten tropischen Gartens, gesehen und konnte Polos Erzählungen in glücklichster Weise ergänzen; auch ihm dünkten jene Tropenländer unendlich weit im Osten zu liegen. Was Wunder, daß nun Toscanelli, als er an den Entwurf einer Karte ging, zu der Überzeugung kam, die Längenerstreckung von Europa nach Asien umfasse etwa $2/3$ des Erdballs, d. h. 240 Breitengrade, so daß also, da man im Westen Europas und Afrikas allenthalben ein offenes Meer gefunden hatte, der westliche Weg über den Ozean nach Indien nur $1/3$ des Umfanges, also 120 Grade betragen könne. Dann mußte doch auch der Weg nach Indien, wenn man nach Westen fuhr, sicher mal so kurz sein, als nach Osten, und um so eher zum Ziel führen, weil gegen Osten der plumpe Erdteil Afrika sich wie ein unüberwindlicher Damm in den Weg legte.

Toscanelli entwarf nach solchen Ideen eine Karte, auf der eigentlich nur der eine, d. h. atlantische Ozean mit seiner östlichen und westlichen Besäumung dargestellt war, und glaubte dem portugiesischen König einen wichtigen Dienst zu leisten, wenn er ihm die Karte sammt Erläuterungen zusende, um ihm den westlichen Weg nach Indien auf das dringendste zu empfehlen.

Er wandte sich zu dem Zwecke an den ihm befreundeten Beichtvater des Königs, Fernam Martinez. Aber in Portugal wollte man von dem einmal eingeschlagenen Wege nicht abgehen, man hatte die Goldküste Afrikas erreicht und wollte lieber sich mit den bescheidenen Früchten der jahrelangen Bemühungen begnügen, als einen ganz neuen Weg ins Unbestimmte wagen. Karte und Brief Toscanellis, der im Jahre 1474 geschrieben war, veranlaßten zwar, wie wir gleich sehen werden, noch einen kurzen Briefwechsel zwischen dem portugiesischen Kanonikus und dem italienischen Gelehrten; aber damit hatte die Sache ihr Bewenden. Man hat nun behaupten wollen, Columbus habe schon vor 1474 den Plan einer Westfahrt ins Auge gefaßt und sei unabhängig von Toscanellis Anregung auf den Gedanken einer Entdeckungsreise nach Westen gekommen. Aber das ist nach dem Bildungsgange und Lebenslaufe des Genuesen, soweit wir auf sicheren Angaben fußen können, völlig ausgeschlossen. Es ist sehr fraglich, ob Columbus sich um 1474 schon nach Portugal dauernd gewandt hatte, und wollte man auch das zugeben, so müßte man es wieder für ein Wunder halten, daß er alsbald von einem so wichtigen Briefwechsel Kunde erhalten konnte. Er, der Fremdling, ein Seemann von bescheidener Herkunft, konnte unmöglich gleich mit jenen Gesellschaftskreisen der Hauptstadt verkehren, in denen vielleicht etwas über Toscanellis Briefe verlautet hatte. Diese Gelegenheit konnte sich ihm erst durch seine Verbindung mit einer vornehmen Familie darbieten. Seine Heirat fällt aber sicher mehrere Jahre nach dem Toscanellischen Briefwechsel, und dann mußte auch eine geraume Zeit vergehen, ehe er durch Seefahrten nach England und Guinea den Ozean in seiner nordsüdlichen Ausdehnung kennen gelernt hatte, und ehe er alle Nachrichten von Schiffern oder in der Zeit seiner Muße (später) sich auch mit den Angaben früherer Schriftsteller vertraut machen konnte. Aus allen diesen Erwägungen mag man schließen, daß man den Versuch des Columbus, sich von dem Projekt Toscanellis genauere Kenntnis zu verschaffen, erst in den Anfang der 80er Jahre setzen darf. In dieser Mutmaßung bestärkt uns noch ein Moment. Wir dürfen mit Recht die Frage aufwerfen: Ist es denkbar, daß ein unbekannter Seemann den König von Portugal für ein Wagnis gewinnen konnte, zu dem ihn der angesehenste Gelehrte der Zeit nicht hat bewegen können?

An denselben König, an den Toscanelli geschrieben hatte, sich mit demselben Plane zu wenden, muß doch von vornherein als ein aussichtsloses Unterfangen gelten. König Alfons V. starb 1481 und ihm folgte Johann II.

Unter einem andern Könige war der Erfolg nicht ausgeschlossen. Johann II. war unternehmungslustiger, unter ihm wurde Afrika bis zum Kap der guten Hoffnung enthüllt; sollte er nicht auch zugänglich sein für einen Versuch nach Westen, wenn sich ein Seemann erbot, den Toscanellischen Entwurf auszuführen?

Gewiß hat Columbus sich an König Johann gewandt und ist erst nach 1481 mit seinem Plane hervorgetreten. Ob er ihn viel früher gefaßt hat, wird im Folgenden noch erörtert werden.

Zunächst haben wir uns mit dem mehrfach genannten Briefwechsel zu beschäftigen. Wir besitzen leider nicht die Briefe des Columbus, sondern nur die Mitteilungen Toscanellis und zwar in drei zum Teil von einander abweichenden Fassungen. Toscanelli schrieb lateinisch; sein Brief an Fernam Martinez, der die eigentliche Erläuterung zu der beigegebenen Karte enthält, hat sich abschriftlich, leider, wie es scheint, nicht ganz korrekt, von der Hand des Bartolomäus Columbus geschrieben, auf dem Vorstehblatt eines Exemplars der historia rerum ubique gestarum vom Papste Pius II. (Venedig 1477) erhalten und befindet sich in der Colombinischen Bibliothek zu Sevilla.

Eine zweite Fassung hat uns Las Casas in seiner Geschichte Indiens in spanischer Uebersetzung erhalten. Und da dieser Gemährsmann ausdrücklich erklärt, daß er Karte und Brief Toscanellis vor sich habe, so werde ich im Folgenden mich an seinen Text halten und nicht an den dritten, der sich, italienisch, in den Historien findet und sich nicht ganz so vollständig und genau erweist, möglicherweise sogar eine absichtliche, tendenziöse Änderung enthält. Es ist in den Briefen Toscanellis an Columbus manche Stelle, die unsere besondere Beachtung verdient, sei es wegen gewisser Zeitbestimmungen, über die man lebhaft gestritten, sei es wegen des auffälligen Benehmens, mit dem Columbus sich seinem Landsmanne Toscanelli gegenüber ganz offenbar nicht als Italiener, sondern als Portugiese ausgegeben hat.

Der erste kurze Brief lautet nun folgendermaßen: „Dem Cristobal Columbo entbietet der Arzt Paulo seinen Gruß.

Ich sehe Dein hochherziges und großes Verlangen, dahin eine Fahrt zu unternehmen, wo die Gewürze wachsen, und zur Beantwortung Deines Briefes sende ich Dir die Abschrift eines andern Briefes, den ich früher (há dias) an einen Freund und Vertrauten des Königs von Portugal vor den kastilischen Kriegen geschrieben habe und zwar zur Erwiderung eines andern, den er im Auftrage Sr. Majestät über denselben Gegenstand an mich richtete, und ich schicke Dir eine andere solche Seekarte, wie die, die ich ihm geschickt habe, wodurch Deine Bitten befriedigt werden." Aus den letzten Worten ersieht man die große Bedeutung, die Columbus für seine Pläne dieser Seekarte beimaß.

Besonderer Erläuterung bedarf noch der Ausspruch, der Brief an den Beichtvater des Königs sei vor den kastilischen Kriegen geschrieben. Diese Kriegsunruhen fallen in die Jahre 1475—79. Nun konnte aber Toscanelli den Ausdruck „vor" den Kriegen nicht eher gebrauchen, als bis die bewegten Zeiten abgeschlossen waren, also nicht vor 1479. Demnach konnte auch Columbus nicht eher sich an ihn gewandt haben, vorausgesetzt, daß man nicht einen zu schleppenden Briefwechsel annimmt. Und Toscanelli mußte den für den König bestimmten Brief vor 1475 abgefertigt haben. Diese Annahme wird durch das Datum bestätigt. Und daß Columbus nicht vor 1479 geschrieben hat, stimmt sehr gut mit unseren obigen Erörterungen über die allmähliche Entstehung des Planes, einen Weg nach Westen zu suchen, überein. Nun bleibt noch ein Bedenken. Was will Toscanelli mit dem Ausdruck „há dias" sagen? Unmöglich das, was die Historien mit Absicht unterschieben wollen, der Brief an Martinez sei „vor einigen Tagen" (aliquanti giorni fa) erst abgegangen, als die Abschrift an Columbus folgte. Wäre dies der Fall, so müßte Columbus an Toscanelli geschrieben haben, ohne etwas von dessen Brief für den König zu wissen. Dann hätte Columbus seinen Plan schon gefaßt gehabt und nur noch die Ansicht eines berühmten Gelehrten einholen wollen. Das ist wohl auch der Zweck der Änderung in der italienischen Form des Briefes, dem Genuesen vor allem die Selbständigkeit, wenn nicht die Priorität des Gedankens zu sichern. Aber ist das, wie ich fest überzeugt bin, nicht der Fall; ist vielmehr Toscanelli der geistige Urheber, oder genauer gesagt, der sichere Wegweiser, während Columbus bis dahin nur vage Vorstellungen hatte; dann ist der Ausdruck „vor einigen Tagen" ein Unsinn. Wie schnell müßten dann in jenem Jahrhundert die Briefe befördert sein! Toscanelli hat sicher keinen besonderen Boten entsendet, sondern eine Gelegenheit benutzt, um seinen Plan in Lissabon vorlegen zu lassen. Ehe das Ziel erreicht wurde, konnten Wochen vergehen. Und unmittelbar nach Bekanntwerden des Briefes im königlichen Schlosse konnte doch Columbus unmöglich (1474!) davon Kunde erhalten haben, selbst wenn er damals schon sich in den höchsten Kreisen der Hauptstadt eingeführt hatte, selbst wenn er mit dem Beichtvater des Königs bekannt gewesen wäre. Und selbst wenn all dieses zugegeben wäre und Columbus sofort sich brieflich an Toscanelli gewendet hätte, und selbst wenn er für diesen Brief sofort einen Boten gefunden und Toscanelli auch sofort geantwortet hätte — alle diese Unwahrscheinlichkeiten zugegeben —: selbst dann hätte Toscanelli nicht „von einigen Tagen vorher" sprechen können. Würde er auch wohl „nach wenigen Tagen" sich die Mühe genommen haben, Karte und Brief für Columbus noch einmal zu kopieren, wenn er sah, daß dieser von beiden bereits Kenntnis hatte? Würde er ihn nicht einfach an den Beichtvater gewiesen haben, um sich dort die Karte vorlegen zu lassen? Nun heißt aber „dias hä" (nach) Tolhausens spanischem Lexikon von 1888) nicht „vor einigen Tagen" sondern „es ist schon lange her", also vor langer Zeit, und es folgt daraus mit zwingender Notwendigkeit, daß der Brief Toscanellis an Columbus nur in die Zeit nach 1479 zu setzen ist.

Der monumentale Brief Toscanellis an Martinez aber, der das Postament für die Ruhmesgestalt des Columbus bildet, ist aus Florenz vom 25. Juni 1474 datiert und hat folgenden Wortlaut:

„Ich habe mit Vergnügen gehört, daß Du mit Eurem edlen, hochherzigen Könige so vertraut bist; und obwohl ich sonst schon vielmals über den kürzesten Weg von hier nach Indien gesprochen habe, wo die Gewürze wachsen, (denn der Seeweg ist kürzer als der, den Ihr nach Guinea nehmt), so sagst Du mir doch, daß Se. Maj. noch einmal von mir eine Erklärung und augenscheinliche Darlegung wünscht, daß und wie man diesen Weg einschlagen könne.

Obwohl ich nun überzeugt bin, daß sich das auf einem Globus zeigen läßt, so ziehe ich es doch vor, der leichteren Mühe und des besseren Verständnisses wegen den Weg auf einer den Seekarten ähnlichen Karte zu erläutern; und so sende ich Sr. Majestät eine eigenhändig gezeichnete Karte. Darauf ist der ganze Westen der bewohnten Welt, von Irland bis nach Genua gemalt, samt allen Inseln, die auf diesem Wege liegen. Ihnen gegen Westen gerade gegenüber ist der Anfang von Indien mit den Inseln und den Orten gemalt, wohin Ihr Euch nach dem Aequator wenden könnt und wie weit, d. h. in wieviel Meilen Ihr zu diesen Orten gelangen könnt, die alle möglichen Gewürze, Edelgesteine und Geschmeide in Fülle haben. Und wundert Euch nicht darüber, daß ich das Westen nenne, wo die Gewürze wachsen, denn gewöhnlich sagt man, sie gedeihen im Osten. Aber wer immer nach Westen segelt, wird diese Gegenden im Westen erreichen, und wer zu Lande immer nach Osten wandert, erreicht jene Länder im Osten. Die geraden Linien, die der Länge nach über die Karte laufen, zeigen die Abstände von Westen nach Osten an; die anderen, die quer hindurchgehen, zeigen die Distanz von Norden nach Süden. Auch habe ich auf der Karte viele Orte in den indischen Ländern eingezeichnet, wohin man gehen könnte, wenn irgend ein unvorhergesehener Zufall, sei es Sturm oder widrige Winde, eintreten; und auch damit man sich über alle diese Teile wohl unterrichtet zeigt, was um so erfreulicher sein muß. Und wisset, daß in allen diesen Inseln nur Kaufleute leben und verkehren; man hört, daß es dort eine ebenso große Menge von Schiffen, Matrosen, Kaufleuten mit Waren giebt, wie nur sonst in der ganzen übrigen Welt, und namentlich in einem sehr ansehnlichen Hafen, namens Zaiton, wo sich jährlich 100 große Schiffe mit Pfeffer befrachten, ungerechnet die vielen anderen Schiffe, die andere Gewürze laden. Dieses Land ist sehr dicht bewohnt, und es giebt dort viele Provinzen

und viele Königreiche und zahllose Städte unter der
Herrschaft eines Fürsten, der sich Großchan nennt, was in
unserer Sprache so viel als König der Könige bedeutet.
Seinen Sitz hat er meistens in der Provinz Katay. Seine
Vorfahren wünschten lebhaft, mit Christen in Verbindung
zu treten, und es werden 200 Jahre her sein, daß sie zum
heiligen Vater schickten und um gelehrte und weise Männer
baten, die sie in unserem Glauben unterrichten sollten.
Aber diese Sendlinge mußten Hindernisse halber wieder
umkehren. Auch zum Papst Eugen kam ein Gesandter,
der ihm von der großen Freundschaft erzählte, die sie den
Christen erwiesen. Mit diesem habe ich mich viel unterhalten über vielerlei Dinge, über die Größe der königlichen
Gebäude und über die Größe der Flüsse nach der ungeheuren Länge und Breite, über die große Anzahl der
Städte, die dort an ihren Ufern liegen, und daß sich an
dem einen Flusse 200 Städte befinden, und daß es sehr
große und breite Marmorbrücken giebt, die mit vielen
Marmorsäulen geschmückt sind. Dies Land verdient mehr
als jedes andere aufgesucht zu werden, denn man kann
dort nicht nur sehr großen Gewinn machen und viele
Sachen bekommen, sondern es giebt auch Gold, Silber,
Edelsteine und alle möglichen Gewürze in großer Menge,
wie nirgend in unseren Gebieten. Und es ist wahr, daß
weise und gelehrte Männer, Philosophen und Astro-
logen und andere große Gelehrte, die in allen Künsten
erfahren sind, das herrliche Land regieren und die
Schlachten leiten. Und von der Stadt Lissabon, gerade
nach Westen, sind auf der Karte 26 Abschnitte, jeder 250
Millien breit (das ist beinahe ein Drittel des Erdumfanges)
bis zu der ansehnlichen und großen Stadt Quinsay, die
einen Umfang von 100 Millien oder 25 Meilen (leguas)
hat, und in der sich 10 Marmorbrücken finden. Der
Name dieser Stadt bedeutet in unserer Sprache so viel
als „Stadt des Himmels".[3]) Man erzählt davon Wunder-
dinge, von der großen Geschicklichkeit ihrer Gewerbe und
von den Einkünften. Die Stadt liegt in der Provinz
Mango (China) nahe der Landschaft von Katay, wo sich
der König die meiste Zeit aufhält.

Und von der Insel Antilia, die Ihr die Insel der sieben Städte nennt, von der wir Kunde haben, bis zu der berühmten Insel Cipango (Japan) sind zehn Abschnitte oder 2500 Millien, d. h. 225 Leguas; diese Insel ist sehr ergiebig an Gold und Perlen und Edelsteinen. Mit reinem Golde bedeckt man die Tempel und königlichen Gebäude.

Da nun der Weg dahin noch nicht bekannt ist, so sind auch alle diese Wege noch nicht entschleiert, aber man kann sicher dahin gelangen. Es ließe sich noch vieles andere darüber sagen, aber da ich es schon mündlich vorgebracht habe, und Ihr alles wohl versteht, so will ich mich darüber nicht weiter verbreiten, und mag das auf Deine Anfragen genügen, soweit die Kürze der Zeit und meine Arbeiten es mir gestatten. Ich stelle mich aber jederzeit Sr. Majestät zur Verfügung. Florenz, 25. Juni 1474."

Nachdem Columbus diesen Brief erhalten hatte, wandte er sich noch einmal an Toscanelli mit Anfragen und erhält darauf folgende Antwort:

„Ich habe Deine Briefe mit den Sachen, die Du mir geschickt, erhalten und bin damit sehr belohnt. Ich sehe Dein edles und großes Verlangen, durch den Westen nach den Ländern des Ostens zu segeln, wie man auf der Karte sieht, die ich Dir geschickt habe, was sich besser an einem Globus zeigen läßt. Es ist mir lieb, daß sie wohl verstanden ist, und der Weg ist nicht nur möglich, sondern auch richtig und sicher und an Ehre und Gewinn unschätzbar und bringt unter allen Christen den größten Ruhm. Ihr könnt das aber nicht vollkommen begreifen, wenn Ihr nicht so oft wie ich die Gelegenheit gehabt habt, zuverlässige Nachrichten von bedeutenden und gelehrten Männern zu erhalten, die aus jenen Ländern hierher an den römischen Hof kamen, und von Kaufleuten, die lange Zeit in jenen Ländern Handel getrieben haben, Männer von großem Ansehen. Dieser Weg führt zu mächtigen Königreichen und berühmten Städten und Provinzen, wo alles in Hülle und Fülle zu haben ist, was wir bedürfen, also alle Arten Gewürze in großer Menge und Edelsteine im größten Überfluß. Diese Fürsten und Könige, zu denen man kommt, werden noch mehr als wir erfreut sein, mit Christen unserer Länder in Verkehr zu kommen, weil viele von ihnen Christen sind, dann aber auch, um mit gelehrten und geistreichen Männern von hier sowohl über Religion als über Wissenschaft sich unterhalten zu können, nach dem großen Rufe, den unsere Staaten und Regierungen genießen.

Wegen dieser Ursachen und vieler anderer, die man nennen könnte, wundere ich mich gar nicht, daß Du, hochherzig wie das ganze portugiesische Volk, unter dem es stets Männer gegeben hat, die sich bei allen großen Gelegenheiten ausgezeichnet haben, vor Verlangen brennst, diese Reise ins Werk zu setzen . . ."

Die Karte Toscanellis hat sich leider weder im Original, noch in einer als Nachbildung bezeichneten Arbeit erhalten, trotzdem wird es möglich sein, sich ein vollkommen zutreffendes Bild davon zu entwerfen. Ein Gradnetz lief über die Karte und erleichterte die Orientierung. Durch Meridianlinien war das Blatt in 26 Abschnitte geteilt, von denen jeder 250 Millien breit angenommen war. Toscanelli schätzte die Breite des Ozeans auf etwa $^1/_3$ des Erdumfangs. Wie groß war einer von den 26 Meridianstreifen? Im lateinischen Original sind nur Millien angegeben, der spanische und italienische Text fügen erläuternd Leguas hinzu. Aber in diesen Zahlen haben sich Irrtümer eingeschlichen, daß einmal gesagt ist, 100 Millien seien gleich 24 Leguas — (und das ist die gewöhnliche Maßangabe, wonach eine Legua gleich vier Millien gesetzt wurde) das andere Mal in demselben Texte: 2500 Millien seien gleich 225 Leguas. Hier sollte die letzte Zahl richtig heißen 625 Leguas.

Der italienische Text setzt einmal 100 Millien gleich 35 Leghes, das andere Mal 2500 Millien gleich 225 Leghes. Daß diese Zahlen für die Berechnung nicht brauchbar sind, liegt auf der Hand. Nur darin stimmen alle drei Texte überein, daß ein Spatium auf der Karte, also ein Meridianstreifen, eine Breite von 250 Millien maß. Aus noch vorhandenen Kartenentwürfen Toscanellis ist zu erkennen, daß seine Spatien oder Abschnitte je 5 Grade umfaßten. Danach betrugen die 26 Meridianstreifen von Lissabon bis

Ostasien 130 Meridiane, also etwas mehr als den dritten Teil des Erdumfanges. Die räumliche Ausdehnung, die der florentinische Gelehrte seiner Karte gegeben, dürfte danach ermittelt sein.

Nun handelt es sich noch darum, der Zeichnung nachzuspüren; und da wird es nicht schwer fallen, sich eine Vorstellung davon zu verschaffen.

In demselben Jahre, als Amerika entdeckt wurde, entwarf Martin Behaim in Nürnberg seinen berühmten Globus „aus Fürbitt und Begehr der fürsichtigen, ehrbaren und weisen als der obersten Hauptleute der löblichen Reichsstadt Nürnberg nach Christi Geburt 1492." Es ist der älteste Erdapfel, der sich erhalten hat und noch in Nürnberg bewahrt wird. Behaim hatte sich in Portugal eine sehr geachtete Stellung errungen, hatte unter Diogo Cão 1484 eine große Entdeckungsreise an der Westküste Afrikas beinahe bis zum Kaplande als Kosmograph mitgemacht, war in den Ritterstand erhoben und mit in den obersten Rat berufen, der die Seeunternehmungen zu leiten hatte. In dieser Stellung waren ihm selbstverständlich alle Akten und auf das Seewesen bezügliche Schriften und Karten zugänglich geworden, unter diesen gewiß auch die Seekarte mit den Erläuterungen zur Westfahrt von Toscanelli.

Als Behaim nun 1492 zum Besuch seiner Heimat in Nürnberg weilte, wurde er vom Rate angegangen, das Weltbild, wie man es sich damals vorstellte, auf einer Kugel darzustellen. Dieses Ansuchen hätte nicht gestellt werden können, wenn Behaim nicht das erforderliche Kartenmaterial bei sich gehabt, und auf einzelnen Blättern seine Entdeckungen und die auf sie folgende Entdeckung des Kaps der guten Hoffnung hätte zeigen können. Für die noch unerforschten Meeresräume mußte ihm Toscanelli maßgebend erscheinen. Vor ihm hatte noch niemand gewagt, auf einem Kartenblatte den äußersten Osten und den äußersten Westen der bewohnten Erde, nur durch das Weltmeer getrennt, darzustellen. Toscanellis Ansehen war mächtig genug, um auch nach seinem Tode noch die Kartographie des Unerforschten beeinflussen zu können.

Es fragt sich nun, ob seine Darstellung mit der Vorstellung, die wir aus den gelegentlichen Äußerungen des Columbus entnehmen, übereinstimmt. Zunächst steht fest, daß Behaim den Ozean auch zu einer Breite von 130 Meridiangraden annahm. Deßhalb konnten die Küsten Ostasiens und die Inseln des Meeres auch ganz nach Toscanelli eingetragen sein. Nun ist uns ein Ausspruch des Bischofs Las Casas von besonderer Wichtigkeit, den er am Schluß des bereits ausführlich mitgeteilten Briefwechsels zwischen Columbus und dem Florentiner Gelehrten thut, ein Ausspruch, der in dem entsprechenden Kapitel der Historien fehlt. Schien er vielleicht geeignet, die Glorie des genuesischen Entdeckers zu beeinträchtigen, wenn man zugestehen müßte, daß seine erste Fahrt ohne Toscanellis Karte nicht ausgeführt worden wäre oder durchgeführt werden konnte? Las Casas sagt: „Ich bin der Überzeugung, daß seine (des Columbus) ganze Reise auf dieser Karte fußt."

Wohlan, dann muß man um so mehr eine Probe auf den Globus Behaims machen und wird erstaunt sein, hier den Schiffskurs des Entdeckungsgeschwaders derart eintragen zu können, daß man danach die wichtigsten Ereignisse und Meinungen über die wirklichen Entdeckungen und das vermeintliche Ziel recht deutlich verfolgen kann, ja daß manche von Columbus in seinem Schiffstagebuche ausgesprochenen Vorstellungen über in der Nähe seines Kurses liegende Inseln oder über seine vermeintliche Entfernung von Ostasien erst durch Behaims Karte verständlich werden. Wir sehen auch, daß er geradenwegs auf den am weitesten vorspringenden Teil Ostasiens lossteuert. Wenn man ferner sieht, daß auch die auf Behaim folgenden Darstellungen auf den Globen aus dem Anfang des 16. Jahrhunderts alle demselben Original folgen, bis man zu Schiff jene Länder des Ostens erreicht hatte, dann erkennt man um so mehr den langdauernden Einfluß Toscanellis. Wir kommen auf einzelne interessante Punkte bei der ersten Entdeckungsfahrt zurück und verweilen zunächst noch bei den von Toscanelli gegebenen Erläuterungen. Toscanelli sieht in Columbus einen Portugiesen, und dieser hat sich ihm nicht als Landsmann zu erkennen gegeben. Wir erkennen auch hier wieder den Schleier, den der Genuese um seine Person zu hüllen liebte. Toscanelli lobt den Mut und die Unternehmungslust der Portugiesen und unter ihnen des Columbus, er zeigt aber auch die Schätze des Morgenlandes und malt sie den begehrlichen Blicken in den verlockendsten Farben aus. Er verwahrt sich ausdrücklich davor, daß er wesenlose Phantasiebilder entwerfe, er beruft sich auf zahlreiche Gewährsmänner, Kaufleute und Glaubensboten, die bis in jene Morgenländer vorgedrungen sind, und betont ausdrücklich, daß er persönlich von ihnen seine Erkundigungen bekommen habe. Die Fahrt über das Meer erscheint gefahrlos, der materielle Gewinn unermeßlich, und dazu darf man die gegründete Hoffnung hegen, von den Fürsten jener gesegneten Länder mit offenen Armen aufgenommen zu werden. Man wird zahlreiche Glaubensgenossen antreffen, und das Verlangen nach der wahren Lehre des Christentums ist schon längst lebhaft ausgesprochen.

Der festgezeichnete Plan, durch das Kartenbild auf das sicherste gestützt, die zuverlässigen Nachrichten von dem Handel und den Produkten des Orients mußten einen Mann wie Columbus, der sich schon mit solchen Gedanken, Entdeckungsfahrten zu wagen, trug, aber dem noch die rechte Stütze für seine Pläne fehlte, im höchsten Maße fesseln und zeitlebens festhalten. Und so sehen wir auch von diesem Briefwechsel an, wie Columbus nur ein Lebensziel vor Augen hat und im Auge behält; alles andere, alle Nebenarbeiten und Nebenpläne sind vergangen vor dem einen Gedanken: Die Westfahrt nach Indien muß ins Werk gesetzt werden!

Dabei baute er so fest auf die Richtigkeit der Toscanellischen Berechnungen und Pläne, daß ihm gar kein Zweifel aufstieg. Es ist das eine der Hauptschwächen seines Charakters, daß er stets von seinen Autoritäten abhängig war und sich von ihnen vollständig leiten ließ. Mochte er sich dabei auf Schriften des Altertums oder Mittelalters, auf astronomische Angaben oder dichterische Aussprüche berufen: alle diese Quellen hatten gleichen

Wert und waren in gleichem Maße unantastbar. Es ist ihm die Frage nie in den Sinn gekommen, ob denn in dem weiten Meeresraum, der selbst nach Toscanellis Berechnung noch ein Drittel der Erdumfanges betrug, nicht noch große unbekannte Landmassen liegen könnten. Von solchen unbekannten Ländern wußten seine Autoritäten nichts; weder die Bibel noch die Kirchenväter, weder die alten Geographen noch seine arabischen Gewährsmänner hatten auch nur eine Andeutung davon. Also mußte und konnte auch alles Land, das er entdeckte, nur zu Indien gehören.

Erwägen wir nun, daß sowohl die Annahmen des Ptolemäus als auch die Toscanellis über die große Ausdehnung der alten Welt nach Osten sehr übertrieben waren, und daß in der That der Abstand von Westeuropa bis China nach Westen gerechnet, nicht ein Drittel, sondern nahezu zwei Drittel des Erdumfanges betrifft, so erscheint ein glücklicher Erfolg für das Unternehmen gänzlich ausgeschlossen. Die Fahrt hätte, nach dem wahren Abstande berechnet, wenigstens viermal so lange Zeit in Anspruch nehmen müssen, als in der That die Überfahrt von den Kanarien bis zu den Antillen kostete. Und wenn schon auf dieser kurzen Strecke, die nur wenige Wochen in Anspruch nahm, das Schiffsvolk unruhig wurde, weil ihm die Fahrt zu lange dauerte; so hätte, wenn die große Strecke von zwei Drittel des Erdumfangs hätte zurückgelegt werden müssen, sicherlich die Mannschaft ihren Führer zur Umkehr gezwungen, oder wäre verschollen und verkommen; denn zu einer so langen Reise waren sie gar nicht vorbereitet und mit Lebensmitteln versehen. Man darf sich nur die Schicksale der ersten Erdumsegelung vergegenwärtigen, die 30 Jahre später unter Magalhaens ausgeführt wurde. Dreißig Jahre waren in dieser bewegten Zeit der Entdeckungen eine lange Lehrzeit, in der die geistigen Kräfte der seefahrenden Völker gewaltig wuchsen, und Magalhaens bewies bei klarerer Vorstellung von der Größe seiner Aufgabe eine weit bedeutendere Energie und Willensstärke, als sie Columbus eigen war.

Es darf nie vergessen werden und muß immer betont werden, daß ihm der Zufall die neue Welt in den Schoß warf, daß er gar nicht ausgezogen ist, neue Länder zu entdecken, sondern daß er nur den, wie er meinte, leichtesten Weg zu altbekannten Ländern entdecken wollte, und daß er auch in dem Glauben gestorben ist, diesen Weg gefunden und diese Länder erreicht zu haben.

Wann er seinen Plan zuerst dem König Johann hat vorlegen dürfen, läßt sich nicht mehr genau bestimmen. Es ist möglich und sogar wahrscheinlich, daß es nicht vor dem Jahre 1483 geschehen ist. Der König nahm den Plan, wie Muñoz meint, mit Kälte auf; indes ließ er ihn doch durch seine Räte, den Bischof von Ceuta, Diego Ortiz und durch seine Ärzte Rodrigo und Joseph prüfen, denn diesen war alles, was Kosmographie und Entdeckungen betraf, anvertraut. Vor ihnen entwickelte Columbus seine Gedanken. Er sprach von den Entdeckungen der Azoren und Kapverden, wies auf die Ansichten der Klassiker hin, erwähnte die Meldungen der Seefahrer von in Sicht gekommenen Inseln und berief sich namentlich auf Marco Polo. Bei keinem Geschichtsschreiber habe ich eine Andeutung gefunden, daß er sich auf Toscanelli berufen hätte. Warum erwähnte er diese gewichtigste Autorität nicht? Hatte er sich in unerlaubter Weise Kenntnis von dessen Karte und Brief verschafft und deshalb dem Florentiner gegenüber seine Nationalität verschwiegen? Auf diesen Verdacht führt uns ein Brief des Königs von Portugal an Columbus, auf dessen Inhalt wir noch näher eingehen müssen. Gewiß ist, daß der Name Toscanellis bei der beabsichtigten Entdeckungsfahrt nicht genannt, wenigstens nicht betont worden ist. Alle übrigen Gründe, die Columbus sonst noch vorbrachte, fielen dagegen ab; denn die redseligen Beteuerungen des Genuesen, er wolle auf einer Fahrt nach dem Westen den fernen Osten entdecken, große Ländergebiete, Festland und Inseln, reich gesegnet an allen kostbarsten und begehrtesten Erzeugnissen der Erde, und namentlich die Wunderinsel Cipango und den Großchan besuchen: alles das konnte die besonnenen Räte des Königs nicht überzeugen und bestimmen, das Unternehmen zu empfehlen. Sie hielten Columbus, wie der große portugiesische Geschichtsschreiber Barros sich ausdrückt, für einen Prahler und Schwätzer, der mit seinen Phantastereien von der Insel Cipango wenig Glauben verdiente. Trotzdem zeigte der König schließlich Neigung, auf den Vorschlag einzugehen und den Entdeckungsversuch zu wagen. Denn die Ausrüstung von drei Karawelen, die Columbus verlangte, und Proviant für ein Jahr erforderte noch keine zu hohen Ausgaben. Aber da stellte sich ein anderes Hindernis in den Weg: die unglaublichen Forderungen des Entdeckers. Columbus hatte, wie Munoz sagt, so hohe Gedanken von seinem Verdienste und von der Größe der Unternehmung, daß er seine Dienste um keinen geringeren Preis anbieten wollte, als für die Zusicherung außerordentlicher Ehren und Vorteile. Er forderte nämlich erstens den Adelstand für sich und seine Familie, zweitens den Titel Admiral des Weltmeers, drittens Amt und Würde eines Vizekönigs und lebenslänglichen Statthalters aller entdeckten Inseln und Festländer, viertens den Zehnten aller königlichen Einkünfte an Gold, Silber, Perlen, Edelsteinen, Metallen, Gewürzen u. s. w., sowie von allen Handelserträgnissen in jenen Gebieten, fünftens nahm er das Recht in Anspruch, bei allem Handel sich auf jedem Schiffe mit ein Achtel des Wertes beteiligen zu dürfen.

Auf diese übertriebenen Forderungen lehnte auch der König den Plan ab. Bald darauf verschwand Columbus aus Portugal. Nun hat sich frühzeitig die Legende gebildet, noch während der Verhandlungen habe sich der König von Portugal, sei es durch den Bischof von Ceuta, sei es durch den Arzt Calzadilla bestimmen lassen, heimlich eine Karawele auszurüsten und unter dem Vorwande, die Inseln des grünen Vorgebirges mit Lebensmitteln zu versehen, nach jener Richtung des Ozeans auszusenden, wohin Columbus zu steuern gedachte. Die Mannschaft habe aber bald den Mut verloren, sei in Stürme geraten und sei bald mit dem übel zugerichteten Fahrzeuge nach Lissabon zurückgekehrt. Columbus habe davon alsbald Kunde erhalten und habe, voll Unwillen über dies unwürdige Verfahren, den festen Entschluß gefaßt, mit der portugiesischen Regierung in keine Verhandlungen weiter einzutreten, sondern das Land zu verlassen. An

5*

Portugal habe ihn, da seine Frau gestorben sei, nichts mehr gebunden, und er sei gegen Ende des Jahres 1484 mit seinem einzigen Sohne Diego heimlich davon gegangen. Die ganze Anekdote ist erfunden, um die Ursachen der Flucht aus Portugal zu verdecken. Nur das einzige ist an der Erzählung wahr, daß er heimlich das Land verlassen hat. Man muß sich aber doch verwundert fragen, warum Columbus es für nötig fand, bei Nacht und Nebel zu entweichen, wenn die Regierung ihm gegenüber ein Schelmenstück ausgeführt hatte. Daß sie seinen Plan abgewiesen, daß sie heimlich ein Fahrzeug ausgeschickt habe, um den hohen Entdeckerlohn zu sparen, ist eine plumpe Verleumdung. Columbus hatte nur darin recht, wenn er in einem späteren Briefe an den König Ferdinand von Spanien, den Las Casas in Händen hatte, schreibt: „Gott unser Herr schickte mich hieher, um Ew. Hoheit zu dienen, aber dem Könige von Portugal, der für die Unterstützung einer Entdeckungsfahrt mehr als andere geeignet war, schloß er Augen und Ohren und alle Sinne." Der Zusatz aber: „daß er in 14 Jahren mich nicht mehr hörte", ist eine arge Entstellung der Wahrheit. Wenn wir die 14 Jahre auf 14 Monate herabsetzen könnten, würde der Zeitraum, in welchem sich Columbus in Portugal für die Verwirklichung seiner Pläne abgemüht hatte, vielleicht richtig bemessen sein. Es ist leider Thatsache, daß Columbus in seinen Briefen nicht immer richtige Zeitangaben machte und dadurch die chronologischen Berechnungen ungemein erschwert. Oder sollte hier wieder nur ein Schreibfehler vorliegen?

Gegen die bisher allgemein vorgetragene Legendenform, nach der Columbus wieder als der Märtyrer, als der Hintergangene hingestellt wird, erscheint bei urkundlicher Beleuchtung unser Held allerdings in zweifelhaftem Lichte. Es ist Thatsache, daß Columbus aus Portugal flüchten mußte, weil er mit der Justiz in Streit geraten war und sich ihrem Arm heimlich entziehen mußte. Seine Frau war noch nicht tot, er ließ sie mit den jüngsten Kindern zurück, ohne sie jemals wieder zu sehen, und ging für immer nach Spanien. Die Belastungszeugen für diesen

Sachverhalt sind ein Brief des Königs von Portugal und ein Brief von Columbus selbst. Der Brief des Königs Johann von Portugal befindet sich noch im Archiv des Herzogs von Veragua und ist am 20. März 1488 an Columbus, „unseren besonderen Freund in Sevilla" gerichtet. Columbus war damals bereits zwei Jahre in spanischem Solde und wartete auf die in Aussicht gestellte Erfüllung seines sehnlichsten Wunsches. Der König Johann mochte vielleicht besorgt sein (denn damals war nur erst das Südkap Afrikas erreicht), Columbus könne ihm doch vielleicht mit seinen Schiffen in Indien zuvorkommen und wünschte ihn wieder nach Portugal zu ziehen. War nicht vielleicht auch bekannt geworden, daß Columbus im Besitz der Toscanellischen Karte war? So lud denn König Johann ihn ein, wieder nach Lissabon zu kommen und versprach ihm freies Geleite. Er schreibt: „Und weil Ihr zufällig von unseren Behörden wegen gewisser Dinge, in die Ihr verwickelt seid, bedroht seid, so sichern wir Euch durch diesen unseren Brief für Kommen, Verweilen und Gehen zu, daß Ihr weder gefangengenommen, festgenommen, angeklagt, vorgefordert noch befragt werden sollt wegen irgend welcher Angelegenheit, sei es Zivil= oder Kriminalsache oder was sonst."

Alles frühere, um dessentwillen die Polizei ihn jedenfalls, sobald sie seiner habhaft werden konnte, ins Gefängnis gebracht hätte, vielleicht auch peinlich befragt hätte, alles sollte vergessen und vergeben sein. Es mußte doch ein gravierender Fall gewesen sein, um dessentwillen Columbus flüchtig geworden war, und er folgte der Einladung des Königs nicht, benutzte aber mit Stolz die Gelegenheit, nach der ersten erfolgreichen Fahrt in Lissabon als spanischer Admiral einzulaufen und sich dem Könige vorzustellen. Sodann aber ist von Columbus' eigener Hand ein Briefentwurf aus dem Jahre 1500 erhalten, in dem er in den Zeiten der tiefsten Schmach über sein Schicksal klagt und darin die Worte niederschreibt, er habe Frau und Kinder in Portugal zurückgelassen auf Nimmerwiedersehen. Diesen Worten muß mehr Gewicht beigelegt werden als den Mitteilungen der Historien und des Las Casas. Nur seinen ältesten Sohn, den etwa vierjährigen Diego nahm er mit, als er am Ende des Jahres 1484 oder am Anfange des folgenden Jahres den Boden Spaniens als Flüchtling betrat. Er landete höchst wahrscheinlich in Puerto de Sa. Maria und hatte die Absicht, seinen Plan dem König von Frankreich vorzulegen; aber er wurde von dem Herzog von Medina Celi festgehalten und blieb über ein Jahr dessen Gast, wie der Herzog in einem Briefe vom 19. März 1493 an den Erzbischof von Toledo berichtet. Columbus fand sehr bald einflußreiche Gönner; außer dem schon genannten Herzog von Medina Celi Don Luigi de la Cerda gewann er auch an dem Herzog von Medina-Sidonia, Don Enrico de Guzman, der seinen Sitz in Sevilla hatte, eine mächtige Stütze. Es war im Frühjahr 1486 (nicht wie Las Casas sagt, 1485) als es diesen Gönnern gelang, bei den Majestäten eine Audienz für Columbus auszuwirken. Der König und die Königin waren nach Cordoba gekommen, um den Krieg mit dem maurischen Granada zu betreiben. Mitten in den Kriegswirren wurde noch Gelegenheit gefunden, den Plan des Genuesen anzuhören. Seine Erscheinung muß Aufsehen gemacht haben. Als redegewandt hatten ihn schon die Portugiesen kennen gelernt, aber seine wissenschaftlichen Gründe waren dort nicht stichhaltig befunden. In Spanien war damit auch nichts zu erreichen; denn da der Staat sich bisher um die ozeanische Welt und um kosmographische Fragen gar nicht bekümmert hatte — es galt ja im eigenen Lande, den Mauren den letzten Besitz, Granada, wieder zu entreißen — so gab es, wie Las Casas offen bekennt, damals nur wenige Gelehrte, die über die von Columbus vorgetragenen Ideen ein Urteil aussprechen konnten. Und so erscheint hier ein neues, ich will nicht sagen auf Spanien berechnetes, aber jedenfalls hier wirksames Motiv, das Columbus vorbrachte: der heilige Glaube. Die Portugiesen wiesen seinen Entdeckungsplan als gewinnbringendes Handelsgeschäft zurück, denn die Portugiesen hatten an der Küste Afrikas gelernt, die Entdeckungen als Geschäft zu betreiben. In Spanien drehte sich die Politik um den Glaubenskrieg mit dem noch seßhaften Islam, hier stand der heilige Glaube im Vordergrunde aller Unternehmungen. Hier durfte Columbus neben den Erläuterungen des Toscanelli über die Ziele der Westfahrt das Glaubensmotiv mehr betonen. „Ich kam", schreibt Columbus später selbst an den König, „als Abgesandter der heiligen Dreieinigkeit zu Ew. Majestät, als dem mächtigsten Fürsten der Christenheit, um den heiligen Glauben der Christenheit verbreiten zu helfen; denn in der That, Gott spricht so klar von diesen Gegenden durch den Mund des Propheten Jesaias an mehreren Stellen der Heiligen Schrift, wenn er versichert, daß von Spanien aus sein heiliger Name soll verbreitet werden." Die betreffenden Stellen lauten Jesaias 24, 16: „Von den Enden der Erde hören wir Gesänge" und Jesaias 65, 17: „Ich will einen neuen Himmel und eine neue Erde schaffen." Mit den Enden der Erde ist nach der Deutung des Columbus Spanien gemeint, die neue Erde ist die neue Welt, die Columbus entdecken will. Auch den neuen Himmel wußte er später sehr geschickt zu deuten, wie wir im weiteren Verlaufe der Entdeckungen noch sehen werden. Mit solchen Ideen, mit der Verbreitung des Christentums in den weiten Ländern des Ostens, die nach der Ansicht Toscanellis sich nach dem heiligen Glauben sehnten, war den Missionen ein ungeheures Feld in Aussicht gestellt. Die ganze Unternehmung bekam eine religiöse Weihe. Daher darf es uns nicht wundern, wenn Columbus gerade unter der hohen Geistlichkeit Spaniens so viel Förderer und Gönner seines Planes fand. Er nennt selbst darunter vor allem den Dominikaner Diego de Deza, Bischof von Palencia und späteren Erzbischof von Sevilla. Daneben waren es auch weltliche Beamte des Königs, beides Aragonesen, deren Fürsprache sich Columbus zu erfreuen hatte, Juan Cabrero, der Kämmerer des Königs und Luiz de Santangel, der Schatzmeister. Die einflußreichste Gönnerin aber wurde die Königin Isabella von Kastilien und blieb es auch, trotz aller Schicksalsstürme, die den Entdecker der neuen Welt umtosten, bis zu ihrem Tode.

Man kam dahin überein, den Majestäten zu empfehlen, den Plan des Columbus zu hören und prüfen zu lassen.

Schon am Hofe zu Cordoba hatte Columbus einen ununterbrochenen, furchtbaren, mühseligen, weitläufigen Kampf, zwar nicht so hart und schrecklich wie mit den Waffen, zu bestehen; denn es handelt sich, wie Las Casas berichtet, darum, so viele Frager, die ihn nicht verstanden, zu belehren, die Teilnahme der Gleichgültigen, die sich weder um seinen Plan noch um seine Person kümmerten, zu wecken und den Spott über seine mißverstandenen Ideen anzuhören. Im Auftrage der Regierung berief Jeronimo, der Prior von Prado, eine Prüfungskommission. Wann diese Junta zusammenkam, läßt sich nicht genau mehr bestimmen. Als „Disputation" werden diese Verhandlungen, die in Salamanca (wie es scheint) stattfanden, erst 1619 bezeichnet, also mehr als hundert Jahre nach dem Ereignis. Aber schon Las Casas berichtet ausführlich (I. 29) über die dabei vorgebrachten Ansichten. Es gab damals in Kastilien nur wenig Gelehrte, die sich etwas mit Mathematik und Kosmographie befaßten. Columbus mußte der Junta wiederholt seinen Plan vorlegen, seine Gründe und Gewährsmänner vorführen und den teils wissenschaftlichen Bedenken, teils kindisch-thörichten Einwänden begegnen. Doch hat er sich wohl nicht so genau über die Einzelheiten seiner beabsichtigten Fahrt ausgelassen wie in Portugal; er mochte vielleicht fürchten, es könne ihm dann sein Geheimnis entrissen werden.

Die Mitteilungen, die uns Las Casas über die Verhandlungen der Prüfungskommission macht, scheinen bereits stark unter dem Eindruck des Erfolges der Entdeckung der neuen Welt gefärbt zu sein. Alle Bedenken ernster Natur sind unterdrückt und nur die lächerlichen Einwände vorgetragen, um den Charakter der Junta dem Spott preiszugeben.

Man kann solche Einwände noch gelten lassen, daß es nicht wohl denkbar sei, noch große bewohnte Länder aufzufinden, da seit Tausenden von Jahren die Welt doch schon bestehe und auch der menschliche Verkehr in alle erreichbaren Teile gedrungen zu sein scheine. Den Autoritäten, auf die Columbus sich berief, stellte man andere Klassiker, z. B. den Rhetor Seneca, entgegen, wonach es nicht möglich sein sollte, wegen der unendlichen Größe den Erdball zu umschiffen. Oder man fußte auf die Lehre Augustins, der aus theologischen Gründen die Existenz von Antipoden leugnet. Die Zweifler betonten, man könne nicht wissen, ob man bei einer Westfahrt auf Land stieße, und wenn das, ob es bewohnt sei. Mit Berufung auf kosmographische Lehren des Mittelalters wies man auch darauf hin, daß doch „bekanntermaßen" nur ein kleiner Teil der Oberfläche vom Wasser bedeckt sei, und daß dieser kleine Teil, eben die alte Welt, schon seit Ptolemäus bekannt sei. Eine Parodie auf die Lehre von der Kugelgestalt erscheint uns in der Anekdote, daß ein gelehrtes Mitglied der Junta geäußert habe, man könne zwar nach Westen abwärts über die Kugelwölbung leicht segeln, dann aber auf dem Rückwege unmöglich mit seinem Fahrzeuge bergan steuern.

Man darf wohl sagen, daß Spanien für eine solche Unternehmung noch keine fähige Junta stellen konnte. Hier kam die scholastische Kosmographie mit der modernen, von Italien besonders herangebildeten Nautik in Kampf. Man sah die felsenfeste Überzeugung des Columbus von dem sicheren Gelingen seines Planes, man sah seine neueste Wissenschaft mit fremden Empfindungen an, fühlte den gewaltigen, ins Abenteuerliche streifenden Unternehmungsgeist und wagte doch nicht, aller überlieferten Gelehrsamkeit gegenüber den Plan zu empfehlen. Man sagte weder ja noch nein, sondern schob die Sache hinaus. Und so entschieden dann die Majestäten, einstweilen die Angelegenheit, die noch nicht spruchreif sei, auf sich beruhen zu lassen. Sie wollten dem genuesischen Fremdlinge nicht alle Hoffnung benehmen, wiesen aber auf die augenblicklichen kriegerischen Verwicklungen hin, die es ihnen unmöglich machten, ihre Kräfte und ihre Aufmerksamkeit andern nebensächlichen Unternehmungen zuzuwenden. Zu seiner Existenz erhielt Columbus eine kleine Unterstützung vom Hofe, die man gewissermaßen als ein kleines Wartegeld bezeichnen könnte. Er wurde als im Dienste des Hofes stehend betrachtet und so doch, wenn auch locker, dem Staatsverbande eingereiht.

Es begannen peinliche Jahre des Wartens. Das Leben und die Lebenskraft konnten vergehen, ehe eine Entscheidung in den maurischen Angelegenheiten eintrat.

Man hat früher wohl behauptet, Columbus habe sich mit seinen Anerbietungen in der Zwischenzeit auch an die Signoria zu Venedig gewandt; allein die neuesten archivalischen Untersuchungen haben in dieser Richtung nicht den geringsten Anhalt geboten. Dagegen ist sicher, daß Columbus Frankreich ins Auge gefaßt hatte, und daß sein Bruder Diego für ihn in London thätig war. Aber ohne Erfolg. Columbus blieb in Spanien und lebte teils in Cordova, teils in Sevilla, einsam, unbekannt, schon fast wieder vergessen. Jahre auf Jahre vergingen und so verstrichen sieben Jahre ohne Entscheidung. Es schien, als sollte die Sache vergessen und begraben werden. Da entschloß sich 1491 Columbus, das Land zu verlassen und anderswo noch einmal sein Glück zu versuchen.

Er wandte sich von Sevilla aus nach Palos, um dort zu Schiff zu gehen. Unfern von Palos erhebt sich auf einem Hügel das Kloster Rabida. Dort sprach Columbus vor und bat für sich und seinen Knaben um eine Stärkung. Der fremde Dialekt des Bittenden, die eigentümliche Erscheinung erregten die Neugier des Pförtners, der Prior wurde gerufen, und bald hatte Columbus über sich und sein Vorhaben offen erzählt. In Palos lebte ein junger Arzt, Garcia Hernandez, der sich mit Kosmographie beschäftigte; diesen ließ der Prior Juan Perez rufen, und beide waren bald in dem Gedanken einig geworden, man dürfe Columbus nicht aus dem Lande ziehen lassen, ohne die Königin vorher von seiner Absicht in Kenntnis zu setzen. Man behielt den Fremden als Gast im Kloster, und der Prior schickte durch den Piloten Sebastian Rodriguez einen Brief ins Lager von Santa Fé vor Granada, wo sich die Königin befand. Der Entscheid der Fürstin lautete günstig, Columbus möge sich bis zum Falle Granadas, der demnächst zu erwarten sei, gedulden, dann solle er zu seiner Fahrt drei Schiffe bekommen. Vorläufig wurde ihm eine Summe von 53 Dukaten angewiesen, um in angemessener Form im Lager und am Hofe erscheinen zu können.

So war also endlich die günstige Wendung für Columbus eingetreten, und er durfte auf die nahe Verwirklichung seines Planes hoffen. „Es gewährt ein lebendiges Interesse, die fortschreitende Entwicklung eines großen Gedankens zu verfolgen und die einzelnen Eindrücke, einen nach dem andern, aufzusuchen, die über die Entdeckung einer ganzen Halbkugel entschieden haben." Und selbst jetzt, gewissermaßen an der Pforte der Verwirklichung, drohte sich der ganze Plan noch zu zerschlagen an der Hartnäckigkeit, mit der Columbus seine hohen Ansprüche auf Ehren und Gewinn unerschütterlich, unnachgiebig festhielt. Es waren dieselben übertriebenen Forderungen, die er in Portugal gestellt hatte, Rang und Titel eines Admirals, eines Vizekönigs 2c. Auf Unterhandlungen ließ er sich nicht ein. Man steht erstaunt und verwundert vor diesem unerschütterlichen Glauben an die glänzendsten Erfolge, an seine besondere Berufung zu dieser Fahrt, an die Richtigkeit seiner kosmographischen Theorien. Die Königin war nicht geneigt, Ansprüche gutzuheißen, die später sehr leicht zu ernsten Konflikten führen konnten. So schickte sich Columbus zum letztenmale an, das Land zu verlassen und sich nach Frankreich zu wenden. Das war im Januar 1492. Columbus hatte die Übergabe Granadas mit angesehen. Im Beginn seines Tagebuches von seiner ersten Reise ruft er den Majestäten den Tag ins Gedächtnis zurück, an dem der Islam die letzte Stadt übergeben mußte und das Christentum wieder in ganz Spanien herrschte. Seine eigene Fahrt erscheint ihm als eine Fortsetzung der den spanischen Majestäten von Gott zugewiesenen Aufgabe, das Christentum auf der ganzen Erde zum Siege zu verhelfen. Er war selbst ein Abgesandter des Höchsten, dessen Arbeit erfüllt werden mußte. Seine hohen Forderungen entsprachen in seinen Augen der hohen Aufgabe. Columbus sah in der Übergabe der Stadt Granada den Anfang seiner eigenen Aufgabe; sie stand der Erfüllung nahe, sie mußte kommen, und die Königin mußte nachgeben. Ich kann darum die zweite Abreise nicht für ganz ernstlich nehmen, Columbus wollte nur einen Druck ausüben und die Entscheidung beschleunigen. Darum war er auch so leicht zur

Rückkehr zu bewegen. Beim ersten Male war es ihm ernst mit dem Verzicht auf Spaniens Hilfe, seine Abreise wurde nicht bemerkt; beim zweiten Male zog er offen, recht auffällig, als wollte er gesehen sein, von dannen und wurde schon zwei Meilen vor Granada auf der Brücke von Pinos wieder eingeholt. Der Schatzmeister Luis de Sant Angel hatte der Königin so eindringliche Vorstellungen gemacht, daß sie beschloß, augenblicklich die Forderungen des Columbus zu genehmigen und das Geschwader auf Staatskosten ausrüsten zu lassen. Columbus kehrte mit den ihm nachgesandten Boten zurück und wurde so wohlwollend aufgenommen, daß er seinen bisherigen Kummer leicht vergessen konnte. Es hat sich nun die Legende verbreitet, man habe auch dann noch, als der Plan schon genehmigt war, Schwierigkeiten in Beschaffung der Geldmittel gefunden, und weil die Staatskasse in Folge der andauernden Kosten für den maurischen Krieg erschöpft gewesen sei, so habe die Königin sich bereit erklärt; ihre Juwelen zu verpfänden, um das Geld zu schaffen.

Aber erstens beliefen sich die Summen für die Ausrüstung von drei kleinen Schiffen keineswegs hoch, und zweitens hätte der Schatzmeister selbst vor allem den Plan nicht empfehlen können, wenn der Schatz leer war und er nicht auch nachweisen konnte, wie die nötigen Mittel zu beschaffen seien. Es ist möglich, daß er sich zum Vorschuß erbot, um sofort die Vorbereitungen zu der Entdeckungsfahrt beginnen zu können. Um die Kosten nach unserm Geldwerte beurteilen zu können, will ich hier eine genaue Berechnung einsetzen, wie ich sie mit Unterstützung meines verehrten Freundes, des Hofrates Dr. Julius Erbstein, Direktor des königlichen Münzkabinets zu Dresden, aus Urkunden und dem Gewicht der Münzen selbst ermittelt habe. Dem Jahre 1492 liegt der Zeit nach am nächsten das Münzgesetz vor 1497. Danach galt ein Dukaten, der den Namen Excelente de la granada trug, so viel wie 11 Realen und 1 Maravedi oder im ganzen 375 Maravedis. Ein Real hatte einen Wert von 34 Maravedis. Man prägte damals einfache, doppelte und vierfache Excelente, deren Gepräge in dem Münzerlaß genau vorgeschrieben war. Nach den Exemplaren im Münzkabinet hat der einfache Dukaten ein Gewicht von 3,45 Gr., der Doppeldukaten wiegt 7,00 Gr., der vierfache 14,00 Gr. Der Dukaten hatte nach heutigem Gelde den Wert von 9 Mk. 60 Pfg., er galt 375 Maravedis, demnach hatte 1 Maravedi damals den Wert von 2,57 Pf. Der Münzwert verschlechtert sich bekanntlich von Jahrhundert zu Jahrhundert, und nur der Name bleibt. Am Ende des vorigen Jahrhunderts galt ein Maravedi nur noch beinahe einen Pfennig. Wenn nun die Gesamtkosten für das kleine Geschwader von drei Schiffen, das die erste Fahrt über den westlichen Ozean machen sollte, auf 1 140 000 Maravedis angegeben werden, so betrug diese Summe nach unserm jetzigen Gelde berechnet 29,184 Mk., eine Summe, die doch, auch für damalige Zeit, wahrlich nicht so unerschwinglich erscheint, daß die Königin darum hätte ihre Juwelen verpfänden müssen. Auch verteilte sich die Ausgabe über längere Zeit als ein halbes Jahr, war also sicher, nach auch der Ansicht des Schatzmeisters nicht unschwer zu beschaffen. Zwar übernahm die Königin Isabella die Kosten für die Krone von Kastilien, doch war auch König Ferdinand durch die Vorstellungen seines Kämmerers Juan Cabrero der ganzen Unternehmung etwas günstiger gestimmt. Und so wurde denn der Staatsvertrag mit Columbus am 17. April von dem Geheimsekretär Juan de Coloma in Santa Fé bei Granada aufgesetzt und vom Könige und von der Königin mit ihrer Unterschrift versehen, die nach altspanischer Sitte nicht den Namenszug der Majestäten zeigt, sondern „Ich der König" und „Ich die Königin" (Yo El Rey, Yo la Reina) lautet. Danach wurde 1) Columbus zum lebenslänglichen Admiral in allen Inseln und entdeckten Festländern ernannt, die Würde war erblich in seiner Familie, und er genoß alle Ehren und Rechte der Großadmiräle Kastiliens. 2) Columbus wird in den neuentdeckten Gebieten Vizekönig oder Generalgouverneur (Gobernador general) und hat Vollmacht, zu jedem Amt auf den Inseln oder in den Provinzen, die er gewinnt, drei Personen vorzuschlagen, von denen dann die Regierung eine erwählt. 3) Er soll den Zehnte am Gewinn von allen Produkten und Waren, seien es Perlen, Gold und Silber, Gewürze oder andere Erzeugnisse erhalten, soweit sie im Gebiete seiner Entdeckungen erworben werden. 4) Columbus kann sich bei allen Handelsunternehmungen nach den entdeckten Ländern mit dem achten Teile der Unkosten beteiligen und soll einen dementsprechenden Gewinnanteil erhalten. Endlich wurde ihm noch der Titel „Don" beigelegt.

Dem kleinen Hafen Palos wurde die große Ehre zuteil, das Geschwader auszurüsten. Damals mochte allerdings ein Teil der Bewohner es eher als eine Last betrachten, denn die Stadt hatte die Verpflichtung, die Miete für zwei Schiffe auf zwei Monate und den Sold der Mannschaft auf vier Monate zu erlegen. Columbus hatte aber bei seinem Aufenthalte im benachbarten Kloster Rabida sich in Palos schon nach Unterstützung umgesehen, jedenfalls auch mit der angesehensten Schifferfamilie der Pinzone von seinem Plane ausführlicher gesprochen und zu seiner großen Freude erfahren, daß sein Plan den lebhaftesten Beifall fand und die einflußreichsten Glieder jener ansässigen Familie bereit waren, die Fahrt mitzumachen. Die Stadt Sevilla erhielt den Auftrag, Waffen und Proviant nach Palos zu liefern, und Columbus selbst erhielt Geldmittel angewiesen, um zu den beiden von Palos zu stellenden Fahrzeugen noch ein kleines Begleitschiff für die Fahrt zu erwerben. Da man des festen Glaubens lebte, Columbus werde das Land des mongolischen Großkönigs, des Großchans oder richtiger Chagäns erreichen, so wurden ihm auch offizielle Schreiben von den Monarchen mitgegeben, die ihm und seiner Mannschaft beim Verkehr mit den Völkern des Ostens Schutz und freundliche Aufnahme erwirken sollten. Auch erhielt er die gemessene Weisung, die portugiesischen Besitzungen in Afrika oder den benachbarten Inseln zu meiden. Dann beurlaubte sich Columbus am 17. Mai vom Hofe und begab sich nach Palos, um persönlich die volle Ausrüstung zu überwachen und die Mannschaft auszulesen. Hierbei unterstützte ihn namentlich Martin Alonso Pinzon, dem das zweite Kommando zugedacht war. Das Flaggschiff, die

Santa Maria (oder Marigalante), führte Columbus selbst; unter ihm standen Juan de la Cosa als Maestre und Sancho Ruiz als Pilot. Das zweite Schiff, die Pinta (die bunte, bemalte), führte Martin Alonso Pinzon als Kapitän und sein Bruder Francisko Martin Pinzon als Maestre. Auf dem dritten Schiffchen, der Niña („die Kleine"), mit dreieckigen Segeln, führte Vicente Yañez Pinzon das Kommando, während der Besitzer des Schiffes, Juan Niño, als Maestre, d. h. wirtschaftlicher Verwalter, mitging. Alle drei Schiffe waren von geringem Umfang, nur das Flaggschiff hatte ein vollständiges Verdeck, bei den beiden anderen war die Mitte offen und nur das erhöhte Vorder- und Achterdeck wirklich gedeckt. Die Mannschaft stammte meistens aus Palos und dem Nachbarhafen Moguer und belief sich auf 90 Köpfe. Außerdem waren noch eine Anzahl Personen an Bord, als Oberaufseher der Flotte, ein Gerichtsdiener, königlicher Notar, Arzt, Bediente u. s. w., so daß sich die ganze Personenzahl auf allen drei Schiffen zusammen auf 120 belief. Bis zum Anfange August war alles zur Abreise fertig.

4. Die erste Westfahrt über den atlantischen Ozean.

Die Abfahrt war auf Freitag, den 3. August angesetzt. Mit Tagesanbruch ging das kleine Geschwader von Palos aus den Rio Tinto hinab nach der Barre von Saltes und steuerte nach den Kanarischen Inseln zu. Wir besitzen über diese merkwürdige Fahrt zwar nicht mehr das vollständige

Tagebuch des Columbus, sondern nur einen allerdings zum Teil wörtlichen Auszug von Las Casas. Derselbe Schriftsteller hat aber auch den Text seinem großen Werke einverleibt, und hier begegnen wir manchen kleinen, nicht unwichtigen Abweichungen; doch bleibt der Gesamtcharakter der Darstellung gewahrt, und wir vermögen uns über den Verlauf dieser Reise ein durchaus klares und verständliches Bild zu entwerfen bis zu dem Augenblicke, wo die erste amerikanische Insel in Sicht kam. Von da ist's leider nicht möglich, genau den Weg zu verfolgen. Dem eigentlichen Tagebuche geht eine Einleitung oder Vorrede voran, die sich an die spanischen Majestäten wendet und die Beweggründe für die Fahrt noch einmal entwickelt. Es ist sehr lehrreich, zu sehen, wie Columbus hier eigentlich nur die Toscanellischen Beweise vorbringt, dagegen von den übrigen Motiven, wie Aussprüchen und Ansichten der Klassiker, Heiligen- und Schifferlegenden gänzlich Abstand nimmt. Hier spricht Toscanelli allein. Und auch darin sehen wir wieder einen Beweis, daß die Bemühungen der Historien, die Bedeutung Toscanellis für die Anregung zur Westfahrt möglichst zurückzudrücken und zu verschleiern, nur der Verherrlichung des Columbus dienen sollten.

Der Anfang des Tagebuchs lautet nun folgendermaßen: „In Nomine D. N. Jesu Christi.

Allerchristlichste, allerhöchste, allerdurchlauchtigste und großmächtige Fürsten, König und Königin von Spanien und den Inseln des Meeres! Nachdem Ew. Hoheiten in diesem gegenwärtigen Jahre 1492 den Krieg gegen die Mauren, die in Europa herrschten, beendigt und in der sehr mächtigen Stadt Granada zum Abschluß gebracht haben, sah ich dort in diesem gegenwärtigen Jahre am zweiten Tage des Januars die königlichen Banner Ew. Hoheiten mit Waffengewalt auf den Türmen der Alhambra, der Burg der genannten Stadt, aufpflanzen und sah auch den maurischen König an der Pforte der genannten Stadt erscheinen und Ew. Hoheiten und dem Prinzen, meinem Herren, die königlichen Hände küssen. Nach den Erklärungen, die ich Ew. Hoheiten von den Ländern Indiens und von einem Fürsten, namens Großchan (Gran Can), was in

unserer romanischen Sprache soviel als König der Könige
bedeutet, gegeben habe, und nach dem Hinweis, daß er und
seine Vorgänger oftmals nach Rom geschickt haben, um sich
gelehrte Männer zu erbitten, die sie in unserm heiligen
Glauben unterweisen sollten, was der heilige Vater nie
habe zur Ausführung bringen können, so daß viele Völker
in Götzendienst verfallen, verloren gingen und abgöttische
Sekten unter sich aufnahmen: beschlossen Ew. Hoheiten
als katholische und christliche Fürsten, die den heiligen
christlichen Glauben lieben und fördern, dagegen Feinde
der Sekte Mohammeds und aller Abgötterei und Ketzerei
sind, mich, Christóbal Colon⁴), zu den genannten Teilen
Indiens zu senden, um die genannten Fürsten aufzusuchen
und die Städte und Länder und ihre Verhältnisse kennen
zu lernen, auf welche Weise sie möchten zu unserem heiligen
Glauben bekehrt werden, und befahlen, daß ich nicht in
bisher üblicher Weise den Landweg nach Osten einschlagen,
sondern nach Westen segeln sollte, einen Weg, den bisher,
unseres Wissens, noch niemand gemacht hat. So erhielt
ich von Ew. Hoheiten in demselben Monate Januar, nach=
dem auch alle Juden aus allen Ihren Königreichen und
Herrschaften vertrieben waren⁵), den Auftrag, mit einer
genügenden Armada nach den genannten Teilen Indiens
zu gehen. Dabei erwiesen Sie mir große Ehren, erhoben
mich in den Adelsstand, daß ich von nun an „Don"
genannt würde, Großadmiral des Ozeans, Vizekönig und
lebenslänglicher Statthalter aller Inseln und Festländer
sein sollte, die ich entdeckte und eroberte, und die in der
Folge im Ozean entdeckt und erobert würden; ferner daß
mein ältester Sohn mein Nachfolger werde, und daß es so
von Geschlecht zu Geschlecht bleiben sollte."

„Ich verließ Granada am 12. Mai 1492, Sonnabends
und kam nach Palos, einem Seehafen, wo ich drei für die
Unternehmung sehr tüchtige⁶) Fahrzeuge ausrüstete. Ich
segelte am Freitag, den 3. August, vor Tagesanbruch von
dem genannten Hafen ab, mit allen Vorräten aufs beste
versehen und mit zahlreicher Mannschaft, und steuerte nach
den Ew. Hoheiten gehörigen Kanarischen Inseln, die in dem
genannten Ozean liegen, um dann von da aus meinen

Kurs zu nehmen und fortzusegeln, bis ich nach Indien komme, um die mir von Ew. Hoheiten an jene Fürsten übertragene Botschaft auszurichten und das ins Werk zu setzen, was mir befohlen ist. Zu dem Ende will ich auch diese ganze Reise auf das genaueste von Tag zu Tag beschreiben, alles, was ich thue und sehe und was geschieht, wie es sich weiter zeigen wird. Und so will ich denn ferner hohe Fürsten, jede Nacht niederschreiben, was am Tage geschehen ist, und am Tage, was wir bei Nacht gefahren sind. Ich habe die Absicht, eine Segelanweisung (carta nueva de navegar) zu entwerfen, in der das ganze Meer und die Länder des Ozeans in ihrer richtigen Lage, nach der Windrose, angegeben sind, und ferner will ich einen Atlas von gemalten Karten entwerfen, mit Breiten= und Längengraden. Und dabei kommt's vor allem darauf an, daß ich den Schlaf vergesse und die Fahrt immer im Auge behalte, was eine große Arbeit sein wird u. s. w."

Es scheint, daß Las Casas den letzten Teil der allgemeinen Betrachtungen und frommen Wünsche für die Zukunft ausgelassen hat; aber das wird jedem Leser klar geworden sein, daß diese Worte in dem vollsten Bewußtsein und in der Absicht niedergeschrieben sind, um von den Majestäten gelesen zu werden. Darum hier die genaue Angabe der Fahrtrichtung, die er einschlagen will; aber auch die nochmalige Wiederholung der wichtigen Ehren und Belohnungen, die ihm kontraktlich zugesichert sind.

Aus der Art und Weise, wie Columbus den ihm gewordenen Auftrag bespricht, und aus der Andeutung, daß er von den Kanarien aus seinen Kurs geradeaus nach Westen nehmen will, leuchtet seine vollkommene Überzeugung hervor, daß der Plan und die Karte Toscanellis in allen Teilen durchaus zuverlässig seien. Er behandelt die ganze Reise, obgleich er sagt, sie sei noch von niemandem gemacht worden, doch nicht als eine Fahrt ins Unbekannte. Er weiß oder glaubt zu wissen, wie weit etwa die Fahrt ist, und wohin er gelangen muß.

Wir werden bei den Einzelheiten dieser ersten Entdeckungsreise immer die Karte Toscanellis vor uns haben müssen, alle Äußerungen des Admirals über die Inseln,

in deren Nähe er sich zu befinden glaubt, oder die er in
Sicht bekommt, werden uns erst durch diese Karte ver=
ständlich. Zunächst erkennen wir auch den Grund, warum
Columbus nicht von Spanien, sondern von den Kanarien
aus seine eigentliche ozeanische Fahrt beginnt. Von dieser
Inselgruppe wies ihn sein Kurs gerade nach Westen. Wenn
er am Wendekreise über den Ozean steuerte, mußte er auf
jeden Fall nach Zipango (Japan) und dann nach dem
nächstgelegenen östlichen Vorsprunge Asiens, nach der
chinesischen Landschaft Mangi, dem Gebiet des gesuchten
Großchans[7], kommen. Hier war der Ozean am schmalsten.
Ein gerader westlicher Weg war leicht; wenn er dagegen
von der Straße von Gibraltar aus gleich nach Südwesten
steuerte, konnte sich doch der Fall ereignen, daß er an
Zipango vorbeisegelte und auch die großen Handelsplätze
Zaiton und Quinsay nicht erreichte.

Wenn Toscanelli sich in der Breite des Ozeans geirrt
hatte, blieb die südwestliche Segelrichtung immer bedenklich.
Die Längenabstände zu bestimmen, war bis dahin noch
nicht befriedigend gelungen; aber in den Breiten war schon
von Ptolemäus das Richtige annähernd getroffen. Daß
Zipango und Mangi unter derselben Breite mit den
Kanarien lägen, darüber durfte gar kein Zweifel mehr
aufkommen. Aber der Abstand der asiatischen und euro=
päischen Küstenländer war doch noch nicht genau festgestellt.
Diese Überzeugung mußte Columbus auch gewonnen haben,
sonst ließe sich sein eigentümliches Verfahren, ein doppeltes
Tagebuch zu führen, gar nicht erklären. Columbus ist der
einzige Seefahrer unter den großen Entdeckern, der es für
geraten fand, ein Tagebuch zu jedermanns Einsicht und
eins für sich allein zu führen. In jenem — nennen wir
es das öffentliche Schiffsjournal — gab er die tagtäglich
zurückgelegte Meilenzahl wesentlich geringer an, als er sie
wirklich geschätzt hatte und zwar lediglich aus dem Grunde,
damit das Schiffsvolk, wenn es sich nach Verlauf von
einigen Wochen die zurückgelegten Strecken zusammen=
rechnete, nicht vor der großen Summe erschräke und wohl
gar an der Möglichkeit einer gesunden Heimkehr verzagte.
Las Casas hat uns die meisten dieser Zahlen aus beiden

Tagebüchern erhalten. Columbus rechnete, wie allgemein üblich, nach Millien, von denen 4 auf eine Legua (Meile) gingen. $17^1/_2$ Leguas rechnete man auf einen Äquatorialgrad, der mithin 70 Millien lang war. Die spanische Legua maß zu jener Zeit 15 000 Fuß.

Schon am dritten Tage nach der Abfahrt zerbrach das Steuerruder der Pinta und man schöpfte den Verdacht, daß die beiden Seeleute Gomes Rascon und Christobal Quintero, dem das Schiff gehörte, den Schaden veranlaßt hätten, um das Fahrzeug vor der gefährlichen Reise in Sicherheit zu bringen. Man konnte dem Schaden nur schwer beikommen; aber der Kapitän Martin Alonso Pinzon verlor darüber den Mut nicht, und es gelang ihm auch, das Schiff am 7. August nach der Insel Lanzerote zu bringen. Columbus wollte nach Gran Canaria weitergehen und dort die Pinta lassen, weil ihr Steuer beschädigt und das Schiff leck war, er hoffte eine andere Karawele dafür mieten zu können; aber diese Hoffnung ging nicht in Erfüllung. Man mußte, so weit es ging, die Pinta wieder ausbessern, und war daher genötigt, 4 Wochen auf den Inseln zu verweilen. Während dieser Zeit wurde ein Ausbruch des Vulkans von Teneriffa beobachtet, was allgemeine Verwunderung erregte. Schon begann das Schiffsvolk über die unbequemen Arbeiten zu klagen; sie waren der Reise schon überdrüssig, ehe sie eigentlich angetreten war. Auf Gomera sammelte Columbus noch weitere Nachrichten von fernen westlichen Ländern ein, besonders versicherten ihm die Spanier auf Gomera und Ferro, daß man alle Jahre im Westen der Kanarien fernes Land im Ozean gesehen habe und immer auf derselben Stelle.

Erst am 6. September konnte Columbus von Gomera aus seine Entdeckungsreise antreten. Eine Karawele, die von der Insel Ferro kam, benachrichtigte den Admiral, daß drei portugiesische Karawelen dort kreuzten, um ihn anzuhalten. Fürchtete man, das spanische Geschwader gehe doch an die Küste von Guinea? Den ganzen Tag und die Nacht war Windstille, so daß Columbus bis zum Morgen zwischen Gomera und Teneriffa liegen blieb. Auch den ganzen Freitag und Sonnabend hielt die Windstille

bis 3 Uhr morgens an. Dann erhob sich ein Nordost=
wind, und nun steuerte der Admiral nach Westen, ¼ S.=W.
Aber bei widriger See legte er nur 9 Leguas zurück. Am
Sonntag, den 9. September, gewann er 9 Leguas; aber
er beschloß, seinen Leuten weniger anzugeben, damit sie nicht
entmutigt würden, wenn die Reise wider Erwarten lang
sein sollte. In der Nacht segelte er 120 Millien (30 Leguas),
also 10 Millien in der Stunde.⁸)

Die Leute steuerten schlecht und fielen ¼ Wind nach
N.=W.⁹) ab, wofür sie von Columbus hart angelassen
wurden. Am 10. September segelte er Tag und Nacht
60 Leguas, aber öffentlich rechnete er nur 48 an. Am
nächsten Tage gewann er in westlicher Fahrt 20 Leguas
und mehr, aber er rechnete nur 16. Ein abgebrochener
Mastbaum eines Schiffes von etwa 120 Tonnen trieb an
ihnen vorbei, aber sie konnten ihn nicht auffischen. In der
Nacht legte man weitere 20 Leguas zurück, es wurden
aber nur 16 in Rechnung gebracht. Am 12 September
segelte er bei demselben Kurs 33 Leguas, gab aber in der
öffentlichen Rechnung weniger an. Am nächsten Tage, am
Donnerstag, den 13. September, machte Columbus eine
sehr wichtige Entdeckung zur See, die westliche Abweichung
der Magnetnadel. Er schreibt darüber in seinem Tage=
buche nach der vollständigeren Mitteilung in Las Casas
Geschichte Indiens: Bei Einbruch der Nacht wichen die
Nadeln nordwestlich ab, d. h. die Lilie (la flor de lis,
die verzierte Nordspitze der Strichrose, die den Nordpunkt
anzeigt), wies nach links vom Nordpunkt, und am nächsten
Morgen zeigte sie nordöstlich, d. h. die Lilie stand rechts
vom Nordpunkt, bis die Sonne aufging. Am 14. Sep=
tember sahen die Leute von der Niña eine Seeschwalbe
und einen Tropikvogel (Phaëthon aethereus), die, wie man
sagt, sich höchstens 15—20 Leguas vom Lande entfernen,
aber, fügt Columbus hinzu, ich glaube, man hat darüber
noch keine genauen Beobachtungen gemacht. Am Abend
des 15. fiel in der Entfernung von 4 oder 5 Leguas eine
prachtvolle Feuerkugel ins Meer. Alle solchen Sachen ver=
wirrten und betrübten das Volk, man hielt sie für An=
zeichen, daß die Reise übel ablaufen würde. Am 16. war

der Himmel trübe, und es fiel starker Regen. Von nun an war das Wetter beständig warm, namentlich die Morgen waren ungemein lieblich, es fehlte nur der Gesang der Nachtigallen. Es war wie der April in Andalusien. Columbus hielt es für eine merkwürdige Erscheinung, daß das milde Klima mitten im Meere von Indien einsetzte. Je mehr sich die Schiffe diesen Ländern näherten, desto milder und lieblicher wurde die Luft, desto klarer der Himmel. Noch bei den späteren Fahrten kam Columbus oft auf diesen Klimawechsel zurück, und er berief sich dabei auf die Verheißung des Jesaias: „Ich schaffe einen neuen Himmel und eine neue Erde." Die Milderung des Wetters tritt gewöhnlich 15 Meridiane westlich von den Kanarien ein. An demselben Tage sah man auch die See mit vielen Büscheln von treibendem Seetang bedeckt, der so frisch grün aussah, daß man meinte, das Kraut könne erst vor kurzem vom Lande losgerissen sein; es müßten also Inseln in der Nähe liegen.

Das hier von Columbus zuerst beobachtete Seekraut, Sargassum, wächst an den Felsküsten Westindiens und des tropischen Südamerikas im Brandungsbereich und kommt auch noch an der nordamerikanischen Ostküste bis Kap Cod (32° N.) vor. Von hier wird es, namentlich bei starken Stürmen, von seinem Standorte losgerissen und durch den Floridastrom, besonders im Sommer, in großen Mengen dem nördlichen Becken des atlantischen Ozeans und der Triftströmung zugeführt, wo es, je nach der herrschenden Wind= und Wasserströmung in kleineren zusammenhängenden Flächen oder in Streifen an der Oberfläche treibt, noch eine Zeit lang, vielleicht einige Jahre, vegetiert und dann in der Regel zerfällt und untersinkt. [19]

Beim Anblick der treibenden Krautmassen begann das Schiffsvolk wieder über den langen Weg zu murren, und daß man nirgends eine Zufluchtsstätte fände. Je weiter sich die Tange ausdehnten, und je größer die Flächen wurden, desto mehr wuchs ihre Ungeduld, und desto heftiger traten sie gegen Columbus auf. Als sie aber sahen, daß die Schiffe hindurchsegelten, verlor sich allmählich, wenn auch nicht ganz, ihre Besorgnis. Daß man schon in der Nähe eines Festlandes sei, glaubte Columbus nicht, er hielt es noch für fern. Auch am 17. setzte er die Fahrt nach Westen fort, die Strömung war günstig; man sah wieder viel Kraut, aber von geringer Größe, es schien von Felsen zu stammen und kam von Westen. Man war von der Insel Ferro, der westlichen unter den kanarischen Inseln, bereits 370 Leguas entfernt. Die Piloten bestimmten den Nordpunkt und fanden, daß die Nadeln mehr als ein Viertel nach N. W. abwichen. Darüber gerieten die Seeleute in Bestürzung und waren sehr niedergeschlagen und murmelten, ohne sich gegen Columbus auszusprechen, zwischen den Zähnen, denn die Sache war ganz neu, und es hatte noch niemand so etwas erlebt. Sie fürchteten schon, daß sie sich in einer andern Welt befänden. Als Columbus das merkte, befahl er ihnen, bei Tagwerden noch einmal zu beobachten; aber da zeigte sich, daß die Nadeln richtig waren. Die Ursache der Erscheinung erklärte Columbus dahin, daß der Nordstern eine Bewegung macht, die Nadel aber nicht. In der Morgendämmerung an demselben Montage wurden die Krautstreifen wieder zahlreicher, sie schienen aus Flußwasser zu stammen. Man fing darin eine lebendige Krabbe, die der Admiral aufbewahrte mit dem Bemerken, daß nach diesem sichern Anzeichen das Land nur noch etwa 80 Leguas entfernt sein könne. Das Seewasser war weniger salzig als bei den Kanarien. Es war ein wichtiges Anzeichen, daß die Luft so rein und lieblich war. Man sah sehr viele Thunfische, und die Leute der Niña töteten einen davon. Die Stimmung der Mannschaft war heiter, und die Schiffe suchten Vorsprung vor einander zu gewinnen, um zuerst das Land zu sehen; denn die Königin hatte auf Ansuchen des Columbus eine Belohnung von 10 000 Maravedis (257 Mark) demjenigen ausgeworfen, der zuerst das erste Land sähe. Columbus bemerkte hier, daß er nach den bedeutenden Anzeichen im Westen zu Gott, dem Allmächtigen, der allen Sieg verleiht, hoffe, sehr bald das Land zu erreichen. Man sah an diesem Morgen einen weißen Vogel mit einem langen Schwanze, einen Trepikvogel, der nicht auf der See schläft. Am nächsten

Tage, am 18. September, war das Meer so ruhig, wie der Strom von Sevilla. Diesen Tag eilte Martin Alonso mit der Pinta, die ein Schnellsegler war, etwas voraus, nachdem er dem Admiral gesagt hatte, es sei ein großer Schwarm Vögel auf dem Zuge nach Westen gesehen, und er hoffe, noch diese Nacht Land zu erblicken. Man wurde in dieser Zuversicht noch dadurch gestärkt, daß sich im Norden eine sehr dichte Wolkenbank lagerte, in einer Entfernung von 10, 15 und 20 Leguas, wie sie nur über festem Lande zu schweben pflegt. Aber Columbus kümmerte sich nicht darum, weil er meinte, es sei noch nicht die Zeit, auch war es nicht der Himmelsstrich, wo er Land zu sehen hoffte. Am Mittwoch, den 19. September, herrschte etwas Windstille. Um 10 Uhr früh kam ein Alcatraz (eine Art Pelikan) an das Hauptschiff, und am Abend sahen sie noch einen. Derartige Vögel pflegen sich nicht über 20 Leguas vom Lande zu entfernen. Auch fiel mehrmals ein Sprühregen ohne Wind, ein sicheres Anzeichen von Land. Der Admiral wollte sich aber nicht mit Lavieren aufhalten, um das Land aufzusuchen, doch war er überzeugt, daß im Norden und im Süden Inseln lägen (nach seiner Karte), und daß er jetzt mitten hindurch segele. Es war sein Vorsatz, zunächst seinen Kurs grade nach Westen fortzusetzen, bis er Indien erreicht habe. Das Wetter war dazu sehr günstig. Wenn es Gott gefiele, wollte er auf dem Rückwege alles aufsuchen. Die Insel, über der sich nach der Ansicht Colons die Wolkenbank im Norden lagerte, war nach der Karte Toscanellis die fabelhafte Antilia, während im Süden die ebenso fabelhafte Brandansinsel verzeichnet ist. Wenn neuerdings wieder die Mitteilung, gewissermaßen als Ergebnis genauer wissenschaftlicher Forschungen gemacht ist, der heilige Brandan sei in Mexiko gewesen, so gehören solche Geschichten eben unter die unbeglaubigten Legenden, deren Spuren sich nirgends geographisch feststellen lassen. Jedenfalls sieht man aus dem Tagebuche des Admirals, an welcher Stelle des Ozeans er sich zu befinden glaubte.

An dem nämlichen Tage verglichen die Steuerleute ihre Kursberechnungen. Nach der Rechnung der Niña befand man sich 440 Leguas von den Kanarien, die Pinta zählte 420 und das Admiralsschiff nur 400 Leguas.

Am nächsten Tage mußte man wegen veränderlicher Winde von dem geraden westlichen Kurs abweichen und mit $^1/_4$ oder gar $^1/_2$ Wind nach Nordosten steuern. Es wurden wieder 2 Pelikane und später noch einer gesehen. Dann fing man einen Pajaro, der einer Seeschwalbe glich, es ist ein Fluß- und kein Seevogel; er hatte Füße wie eine Möve. Am frühen Morgen kamen zwei oder drei kleine Vögelchen heran und sangen; aber ehe die Sonne aufging, verschwanden sie wieder. Später zeigte sich ein Albatros, der von Nordost nach Südost flog, ein Beweis, daß im Nordost Land liegen mußte, denn die Vögel schlafen am Lande und gehen des Morgens aufs Meer, um ihre Nahrung zu suchen; aber sie gehen nicht weiter als 20 Leguas hinaus. Diese Vögel flößten den Schiffern wieder Mut ein. Den folgenden Tag herrschte fast un= unterbrochene Windstille. Man stieß auf ungeheure Kraut= massen, sodaß das Meer ganz voll davon zu sein schien. Die einen freuten sich darüber, weil sie glaubten, nahe am Lande zu sein; die anderen setzte es in Furcht, weil das Kraut gefährliche Klippen bedecke, noch andere verlangten, den Kurs zu ändern, um nicht in das Krautmeer hinein= zusegeln, weil man fürchtete, die Fahrt würde darin gehemmt. Auch sah man einen Walfisch, ein sicheres Zeichen, daß man nicht fern vom Lande war. Das Meer war glatt wie auf einem Flusse und die Luft wundervoll. Am Sonnabend, den 23. September mußte man bei wid= rigen Winden bald mehr, bald weniger west=nordwestlichen Kurs halten. Von Seekraut war fast nichts zu sehen; es zeigten sich einige Sturmvögel und ein anderer Vogel. Dann heißt es wörtlich im Tagebuch: „Dringend bedurfte ich den heutigen Gegenwind, denn mein Schiffsvolk war höchst beunruhigt und besorgt, daß auf jenen Meeren keine Winde zur Rückkehr nach Spanien wehten." Es ist nicht zu verwundern, daß die Leute bei jeder neuen Erscheinung ängstlich wurden, sie waren ja nur gewohnt, Küsten=Schiff= fahrt zu treiben, wobei man das Land fast gar nicht aus den Augen verliert. Bei Anzeichen von schweren Wettern

flüchteten sie womöglich in einen Hafen. Hier war das
alles ausgeschlossen; es ging ununterbrochen 14 Tage nach
Westen, ohne daß auch nur eine Felsklippe in Sicht ge=
kommen wäre. Columbus war durch das Neue, das ihm
das Weltmeer bot, eher angeregt als bedrückt. Man sieht,
mit welch' klarem Blick er alle Erscheinungen der treibenden
Pflanzen, der Seevögel, der Veränderungen im Klima, der
Nebelbänke erfaßt und in seinem Tagebuche sammelt; nur
wurden daraus zu leichte Schlüsse für die Nähe des
Landes gezogen. In der ganzen Art, wie er bei der gefahr=
losen Fahrt über ein Meer, das die Spanier später so
bezeichnend das Meer der Damen nannten, die Leitung
des Geschwaders handhabt, erkennt man nur die gute er=
probte Schule italienischer Schiffahrtskunst und hat durch=
aus nicht nötig, in dieser Leitung mehr als die Durch=
schnittsleistung italienischer Kapitäne zu erkennen. Denn
eine leichtere Fahrt über einen Ozean ist keinem großen
Entdecker jemals beschieden. Aber es ist das unleugbare
Verdienst des Columbus, durch sein Tagebuch uns nicht
nur mit allen einzelnen Vorfällen bekannt gemacht zu
haben, sondern uns auch in seine Stimmung und in die
seiner Leute einen klaren Einblick zu gewähren, sodaß man
sich ganz in die Lage zu versetzen vermag, als ob man an
der Entdeckungsfahrt selbst beteiligt wäre. In dieser Art
steht das Tagebuch unter allen früheren Entdeckungs=
berichten einzig da.

Am 23. September ging die Fahrt bald nach Nord=
westen, bald mehr nach Westen. Das Meer erhob sich der=
gestalt, daß diejenigen, die da fürchteten, die Winde wehten
in diesen Gegenden nach Westen und wären der Rückkehr
hinderlich, nun wieder meinten, man werde die schwere
See nicht überwinden und gegen den Wind nicht segeln
können. „Es war also", schreibt der Admiral in sein Tage=
buch, „sehr notwendig, daß der Wind uns entgegen war
und das Meer stark bewegt war, damit die Mannschaft
ihre irrige Meinung aufgebe, als ob gar keine für die
Heimkehr günstigen Winde wehen könnten. Und so gab
dies die Veranlassung, sich zu beruhigen und nicht zu
verzagen. Gott handelte an ihm und an ihnen, wie an

Moses und an den Juden, als er sie aus Ägypten führte; er gab Zeichen, ihm zur Stärkung und Hilfe, und jenen zur Verwirrung." Man sah auch an diesem Tage eine Turteltaube auf dem Schiffe, dann gegen Abend einen Pelikan, einen Rohrsperling und einige weiße Vögel, und in dem dichten Kraut fand man mehrere kleine lebende Krabben. Am nächsten Tage ging die Fahrt nach Westen weiter. Ein Pelikan kam ans Schiff, auch viele Landvögel von Westen. Von den Fischen, die nahe ans Schiff kamen, wurden mehrere mit der Harpune getötet. Je mehr offenbare Anzeichen von der Nähe des Landes Gott ihnen gab, desto mehr wuchs ihre Ungeduld und Unruhe, und um so mehr benahmen sie sich ungehalten gegen Columbus.

Den ganzen Tag und die ganze Nacht hörten diejenigen, die munter waren, nicht auf, zusammenzutreten und sich darüber zu bereden, daß sie wieder umkehren wollten. Sie erklärten die Fahrt für eine große Thorheit und reinen Selbstmord, wenn man dem Fremden noch weiter folgen wollte. Einige gingen noch weiter und meinten, es sei das beste, ihn eines Nachts ins Meer zu stürzen und zu sagen, er sei ins Meer gefallen, als er mit dem Quadranten oder dem Astrolabium eine Sternenhöhe nahm. Am 26. September blieb die Luft lange unbewegt; man konnte daher erst später, als sich der Wind erhob, die Fahrt fortsetzen. Dann hatte Columbus eine Unterredung mit Martin Alonso Pinzon über eine Seekarte, die er ihm drei Tage vorher geschickt oder vielmehr mit einem Strick an einem Holze zugeworfen hatte. Darauf waren in dieser Gegend des Meeres einige Inseln gemalt. Martin Alonso meinte, er wundere sich, daß man sie noch nicht gefunden habe. Columbus war derselben Meinung; und wenn man sie noch nicht angetroffen habe, so schreibe er dies dem Umstande zu, daß Meeresströmungen die Schiffe gegen Nordosten gedrängt hätten, und daß sie noch nicht so weit vorgedrungen seien, wie die Lotsen behaupteten.

In Bezug auf die Seekarte um die es sich hier handelt, sind die Bemerkungen des Bischofs Las Casas von besonderer Wichtigkeit, die er an dieser Stelle in die Tagebuchblätter der Reise einschreibt. „Das ist die Karte, die der florentinische Arzt Paul schickte, und die ich mit anderen Sachen des Admirals im Besitze habe, nebst Schriften von seiner eigenen Hand, die mir übergeben sind. Auf der Karte sind viele Inseln und das Festland von Indien und die Staaten des Großchans gemalt, und nach dieser Darstellung von Land und Inseln befand man sich ohne Zweifel davor, und es waren auch alle diese Inseln in einiger Entfernung eingetragen. Nach dem Vertrauen, das Colon dem Arzte Paul schenkte, erbot er sich den spanischen Majestäten gegenüber, die Reiche des Großchans zu entdecken, samt allen Schätzen an Gold, Edelsteinen und Spezereien. Aber der Arzt Paulo hatte sich doch getäuscht, er wußte nicht, daß es vorher noch andere Länder gäbe." Dann besprach sich der Admiral auch noch mit dem Steuermann und den Matrosen seines Schiffes und zeigte die Karte; das war etwa gegen Sonnenuntergang.

Inzwischen stieg Martin Alonso auf das Hinterkastell seines Schiffes und rief dem Columbus mit froherregter Stimme zu, daß er Land sehe; und er versicherte es so bestimmt, und alle Leute auf der Pinta bestätigten es mit großer Freude, daß es Land sei. Columbus kniete nieder, um Gott zu danken, während Martin Alonso mit seiner ganzen Mannschaft das Gloria in excelsis deo anstimmte. Dasselbe thaten die Leute auf dem Hauptschiff und der Niña. Sie stiegen auf die Masten und in das Takelwerk hinauf und behaupteten einstimmig, Land zu sehen. Und auch Columbus kam es so vor, er schätzte den Abstand noch auf 25 Leguas gegen Südwesten. Bis zur Nacht blieb alles auf Deck in der festen Ueberzeugung, daß Land vor ihnen läge. Der Admiral ließ daher südwestlichen Kurs einschlagen. Die See war so still, daß viele Matrosen ins Wasser sprangen, um zu baden. Viele Doraden (Chrysoptrys, Goldbrasse) kamen ans Schiff, eine sehr gute Fischart, fast wie Lachs, aber nur weiße; auch viele andere Fische zeigten sich.

Am 26. September segelte Columbus weiter nach Südwesten, um das Land zu erreichen, er mußte sich aber bald überzeugen, daß er sich getäuscht, und daß man nur eine Wolkenbank gesehen hatte. Dann steuerte er wieder nach Westen. So ging in derselben Weise auch die Fahrt in den nächsten Tagen weiter nach Westen. Am 30. September sah man so große Vogelschwärme, daß alle sich darüber verwunderten, weil so viele Vögel erfahrungsgemäß eigentlich nur am Lande angetroffen werden. Das Meer blieb glatt, die Luft mild und lieblich.

Am 1. Oktober verglichen die Piloten wieder ihre Berechnungen des bereits zurückgelegten Weges. Der Steuermann des Admiralsschiffes gab die Entfernung von der Insel Ferro auf 578 Leguas an. Columbus hatte in seiner öffentlichen Berechnung 584, aber in der wahren, geheimgehaltenen, schon 707 Leguas verzeichnet. Der Steuermann der Niña hatte 650, der von der Pinta 634 ausgerechnet.

Das Meer blieb auch am folgenden Tage ganz glatt und immer gut, „Gott sei Dank" fügte Columbus gewöhnlich hinzu. Es kam viel Kraut von Osten nach Westen, also in entgegengesetzter Richtung. Am nächsten Tage zeigte sich viel Kraut, altes und frisches und etwas daran, das wie Früchte aussah. Damit sollen die beerenartigen Schwimmkörper an den Zweigen des Sargassums gemeint sein. Weil man aber nur wenige Vögel mehr sah, so vermutete Columbus, daß er an den auf seiner Karte angegebenen Inseln bereits vorbeigesegelt sei. Und er bemerkt noch einmal, er habe sich in den letzten Tagen mit Hin- und Herfahren, um die Inseln zu suchen, nicht aufhalten wollen, obgleich die Anzeichen von Land sehr zahlreich gewesen seien. Denn sein Ziel, zu dem er von den Majestäten ausgeschickt war, bleibe Indien, und das behalte er unverrückt im Auge. Das günstigste Wetter begleitete ihn auch in den nächsten Tagen. Am Sonnabend Abend, den 6. Oktober, riet Martin Alonso, daß, wenn man nach Zipango wolle, es nun besser sei, nach Südwesten zu steuern, denn nach der Karte läge die Insel in dieser Richtung. Aber Columbus wollte nicht darauf eingehen, er wollte den Kurs nicht ändern; es sei besser, erst den Kontinent und dann die Inseln aufzusuchen.

Die Absicht Martin Alonsos und die Gründe des Admirals sind auf der Karte Toscanellis klar zu erkennen.

Am Sonntag, den 7. Oktober, ließ bei Sonnenaufgang die Niña, die als gute Seglerin immer voraus war, weil sie gern zuerst das Land erblicken und das Gnadengeschenk der Königin verdienen wollte, eine Flagge am Maste heissen und ein Geschütz abfeuern. Das war das von Columbus angeordnete Signal für die Entdeckung des Landes. Nach seinem Befehl sollten sich abends und morgens die Fahrzeuge dem Hauptschiffe möglichst nähern, weil um diese Zeit Nebel und Dünste eine weite Fernsicht nicht hemmten. Da man nun aber am Abend das Land nicht gewahr wurde, das die Niña gesehen haben wollte, und da große Vogelschwärme nach Südwesten zogen, vermutlich um am Lande zu schlafen, oder um vor dem Winter zu fliehen, der in den nördlichen Ländern, von woher sie kamen, eingetreten sein mußte, und da der Admiral wußte, daß die Portugiesen die meisten Inseln durch Vögelflug entdeckt hatten, so beschloß er nun auch, seinen westlichen Kurs mit dem südwestlichen zu vertauschen und diesen zwei Tage wenigstens festzuhalten.

Columbus gab nun also doch dem Rate Martin Alonsos Folge.

Daß, wenn er seinen alten Kurs beibehalten hätte, sich bald vor ihm das Festland von Florida gezeigt hätte, und daß der Verlauf der Entdeckungen wahrscheinlich sich ganz anders gestaltet hätte, hat schon Las Casas in seiner Geschichte erörtert.

Am 8. Oktober ging die Fahrt bei schönstem Wetter über eine glatte See weiter. Gott sei gelobt, wiederholt der Admiral in seinem Tagebuch, die Luft ist so milde, wie ein April zu Sevilla. Mit Wonne schlürft man sie ein, sie ist von Wohlgerüchen erfüllt. Am 9. Oktober ging die Fahrt erst nach Südwesten, dann, als der Wind sich drehte, nach W. $^1/_4$ N.=W. Während der Nacht hörte man Vögel vorüberziehen. Am 10. Oktober verfolgte man den Weg weiter nach W.=S.=W. Die Mannschaft beschwerte sich wieder über die lange Fahrt und klagte darüber, daß alle Anzeichen von Land, so viele sie bis jetzt gesehen, sämtlich trüglich gewesen wären. Der Admiral suchte sie zu trösten und meinte, man befinde sich offenbar schon in den indischen Gewässern, und ihre Hoffnung auf lockenden Gewinn werde bald in Erfüllung gehen. Mit Gottes Hilfe werde er die Fahrt fortsetzen, bis er Indien erreicht habe.

Während der ganzen Fahrt hatten sich zwar unter den Matrosen ängstliche Gemüter in laute Klagen ergossen, sie hatten auch die Köpfe zusammengesteckt und sich und die Reise verwünscht; aber nach den Mitteilungen des Tagebuchs läßt sich nicht erkennen, daß es zu einer wirklichen Verschwörung und ernstlichen Bedrohung des Admirals gekommen ist. Doch kommt Columbus bei seiner Rückfahrt während des Sturmes noch einmal darauf zu sprechen und bemerkt, das Schiffsvolk sei einmütig der Absicht gewesen umzukehren, sie wollten gegen ihn meutern und vergaßen sich bis zu Drohungen.

Danach muß die spätere Erzählung von dem Pakt, den er mit den Meuterern eingegangen sei, nach dreitägiger vergeblicher Fahrt umzukehren, als eine Erfindung bezeichnet werden.

Die Fahrt ist trotz ihrer großen Einfachheit doch merkwürdig genug und bedarf solcher romanhafter Ausschmückung nicht. Und wenn wir vollends sehen, daß Martin Alonso auf eigne Hand in die indischen Gewässer auf Entdeckung ausgeht, dann erscheint es nicht glaubhaft, daß er sich, auch wenn Columbus nachgegeben hätte, zur Umkehr gleichfalls bequemt hätte.

Das Ziel war nahezu erreicht, schon am nächsten Tage, Freitag, den 12. Oktober, wurde die erste Insel der neuen Welt entdeckt. Die See war rauher als bisher auf der Reise. Die wirklichen Anzeichen nahen Landes mehrten sich nun in auffälliger Weise. Man sah Sturmvögel, ein grünes, entwurzeltes Rohr trieb am Schiffe vorbei; bei der Pinta trieb ein Baumstamm und ein Schilfrohr vorüber; dann fischte man einen Stock auf, der, wie es schien, mit Eisen bearbeitet worden war, dann wieder ein Stück Rohr, ein Brettchen und Kraut, das am Lande wächst; auf der Niña nahm man andere Anzeichen wahr, z. B. einen Zweig mit wilden Rosen, worüber alle

Schiffer in hohem Maße entzückt waren. Bis zum Untergange der Sonne waren 27 Leguas zurückgelegt. Von Ferro bis hierher schätzte man den Abstand auf ungefähr 750 Leguas. Als die Nacht hereinbrach, zur Zeit, wenn die Matrosen das Salve zu beten pflegen, hielt der Admiral eine freundliche und warme Ansprache an die gesamte Mannschaft und erinnerte sie daran, wie viel Gnade ihm selbst und ihnen allen auf dieser Reise erwiesen sei, daß sie immer eine glatte See und günstigen Fahrwind und keine Stürme gehabt hätten, wie sie doch sonst über die Schiffer so oft hereinbrächen. Er hoffe zum barmherzigen Gott, daß sie in wenigen Stunden Land sehen würden. Er bat sie inständig, in dieser Nacht auf dem Vorderkastell recht gut achtzugeben, und damit ein jeder seine Aufmerksamkeit verdoppelte, versprach er demjenigen, der zuerst Land sähe, außer dem von der Königin ausgesetzten Gnadengehalt von 10000 Maravedis noch ein seidenes Wamms zu geben.

In der Nacht steuerte man nach Westen. Columbus stand um 10 Uhr abends auf dem Hinterkastell und blickte scharf nach vorn; da sah er ein Licht, aber so trüb und dunkel, daß er es nicht behaupten mochte, es sei Land. Er rief also heimlich den Bettmeister des Königs, Pero Gutierrez, herbei und sagte ihm, daß und wo er einen Lichtschein gesehen habe. Dieser sah es auch und sagte, es scheine auch ihm ein Licht zu sein. Dann rief er noch den Rodrigo Sanchez von Segovia heran, den die Majestäten als Zahlmeister für die Flotte bestellt hatten; aber dieser vermochte nichts zu sehen. Dann zeigte sich der Schein noch ein- oder zweimal und glich einer flackernden Kerze. Man hat diese Wahrnehmung des Admirals gewöhnlich, wenn man sie milde beurteilen wollte, für eine Sinnestäuschung erklärt.

Man war allerdings noch weit vom Lande entfernt, denn wenn man in der Stunde 12 Millien zurücklegte, so mußten bis 2 Uhr früh, wo der Matrose Rodrigo de Triana den flachen Strand einer Insel im Mondlicht schimmern sah, noch 48 Millien oder Seemeilen gesegelt werden. Die Insel, an die man höchstwahrscheinlich zuerst gelangte, und die heutzutage Watlingsisland heißt, erhebt sich aber höchstens 43 Meter über dem Meeresspiegel; auch darf man nicht annehmen, daß der Standort des Admirals mehr als 10 Meter über See betragen habe. Es bleibt danach kaum wahrscheinlich, daß Columbus bei der Wölbung des Erdballes, von niedrigem Standpunkte aus den Lichtschein auf einer niedrigen Insel auf 56 Seemeilen oder 14 geographische Meilen habe sehen können. Die wirkliche Entdeckung erfolgte erst auf 8 Seemeilen Entfernung. Las Casas sucht die Wahrnehmung des Columbus zu erklären: „Ich fasse die Sache so auf," schreibt er, „daß die Indianer auf diesen milden Inseln, wo auch die Nächte nicht kalt sind, des Nachts ihre Bohios genannten Strohhütten verlassen oder verließen, um ihre Notdurft zu verrichten. Dabei nahmen sie einen brennenden Span in die Hand von irgend einem harzigen Baum, oder einen Fichtenzweig oder sonst ein trockenes, harzreiches Holz, und damit gingen sie, wenn die Nacht dunkel war, hin und her, und demnach konnte auch Columbus das Licht drei- oder viermal gesehen haben." Nun war allerdings die Nacht nicht hell, der Mond stand im letzten Viertel. Die Indianer würden sich also wohl eines Brennspans bedient haben.

Nehmen wir dies als Thatsache an, und daß Columbus diese Fackeln gesehen habe, dann stehen wir vor einer anderen Verlegenheit. Wie im nächsten Kapitel ausführlich nachgewiesen werden soll, besteht die größte Wahrscheinlichkeit dafür, daß Columbus auf Watling landete. Dann liegt aber keine Insel in der Nähe seines nächtlichen Kurses vom 11. zum 12. Oktober, von woher der Lichtschein hätte kommen können. Ist das Licht wirklich gesehen, dann landete Columbus nicht auf Watling, sondern auf einer anderen Bahamainsel.

Jedenfalls muß aber noch das Eine betont werden: Columbus war seiner Sache nicht sicher, darum gab er auch das von ihm selbst angeordnete Signal nicht. Dann hat aber auch seine Wahrnehmung rechtlich keinen Anspruch auf die von der Königin ausgesetzte Prämie.

Nun war in jener Nacht die Pinta, als der beste Segler, den anderen Schiffen wieder voraus, und darum

sah auch zuerst ein Matrose dieses Fahrzeuges das lang
erwartete Land. Es war am 12. Oktober, morgens gegen
2 Uhr, als Rodrigo de Triana einen hellen Strand in der
Entfernung von 2 Leguas wahrnahm und die vor-
geschriebenen Signale durch Abfeuern einer Kanone und
Heissen der Flagge gab.

Dieser Rodrigo, der nach andern Angaben Juan
Rodrigez Bermejo aus Molinos bei Sevilla hieß, ist
also der Entdecker der ersten Insel Amerikas, und ihm
hätte von rechtswegen auch die Rente von 10 000 Maravedis gebührt. Wenn diese trotz alledem später von
Columbus beansprucht und ihm auch zugesprochen wurde,
so müssen wir darin einen häßlichen Charakterzug erblicken,
daß er, nicht zufrieden mit den Ehren eines Admirals und
Vizekönigs, einem armen Matrosen auch noch die kleine
Rente von 26 Dukaten streitig machen konnte. Als
Fremdling, als Genuese hatte er ohnehin unter seinen
Leuten wenig Freunde; durch solche Habgier aber verdarb
er es mit allen. Es ist gar kein Wunder, daß, als er
später von einem harten Richter in Ketten gelegt wurde,
sich keine Hand für ihn regte, sondern alle ihn ruhig
seinem Schicksale überließen. Wenn auch Las Casas darin,
daß das Gericht später dem Admiral die oft genannte
Prämie zusprach, einen nicht geringen Beweis von der
Güte und Gerechtigkeit Gottes erblickte, daß dem großen
Manne für seine unsäglichen Mühen und Drangsale auch
der materielle Lohn nicht gefehlt habe, so muß man ein
solches Urteil bedauern. Aber in den Augen des edlen
Bischofs ist Columbus der engelreine Abgesandte des
Höchsten, und alles, was von ihm und mit ihm geschieht,
ist als ganz besondere Fügung zu nehmen.

Auf das Signal der Pinta wurden auf allen Schiffen
alle Segel bis auf das große viereckige „Treo" eingezogen.
Man legte bei, um den Anbruch des Tages zu erwarten.

Dann begab sich der Admiral mit Martin Alonso und
seinem Bruder Vicente Yañez und Bewaffneten in einem
Boote ans Land. Der Admiral trug die königliche Fahne,
die beiden Kapitäne Flaggen mit einem grünen Kreuze,
wie Columbus sie den Schiffen zugeteilt hatte, mit den

Buchstaben F. und Y. (Ferdinand und Isabella), rechts und links vom Kreuz und über den Buchstaben Kronen. Am Lande sahen sie viel grüne Bäume und viel Wasser und Früchte verschiedener Art. Der Admiral rief die beiden Kapitäne und alle, die mit ihm an Land gegangen waren, nämlich den Flottenschreiber Rodrigo Descovedo und Rodrigo Sanchez von Segovia zu Zeugen dafür auf, daß er in ihrer Gegenwart im Namen des Königs und der Königin von der Insel Besitz ergriffen habe. Dann fügte er auch die üblichen Rechtsverwahrungen hinzu, wie sie sich ausführlich in dem damals aufgeführten Notariatsakte finden. Es hatte sich natürlich viel Volk um den Admiral und sein Gefolge gesammelt. Den ersten Verkehr mit den Indianern[11]) schildert uns der Entdecker mit folgenden Worten: „Da ich sah, daß die Leute eher durch Güte als durch Zwang für unsern heiligen Glauben zu gewinnen waren, auch um ihr Vertrauen zu erwerben, gab ich einigen von ihnen bunte Mützen und Perlenschnüre, die sie um den Hals legten, und andere wertlose Gegenstände, die ihnen Vergnügen machten, andere kamen später an die Schiffsböte geschwommen und brachten Papageien, Baumwollengarn in Knäueln, Speere und viele andere Dinge, und wir schenkten ihnen dafür kleine Perlenschnüre und Glöckchen. Kurz, sie gaben gutwillig her, was sie hatten. Im ganzen erschien das Volk recht arm. Sie gingen alle vollständig nackt, auch die Frauen, von denen ich übrigens nur eine halbwüchsige sah. Sonst waren es lauter junge Leute, keiner schien über zwanzig Jahre alt zu sein, wohl gebaut, von sehr schöner Gestalt und angenehmem Äußern. Das Haar war so grob wie eine Pferdemähne und kurz. Nach vorn trugen sie es nur bis zu den Augenbrauen, dagegen blieb es lang und ungeschoren im Nacken. Einige hatten sich dunkel bemalt, aber in der Hautfarbe glichen sie den Kanariern, weder schwarz noch weiß. Einige bemalten sich weiß, einige rot, oder sonstwie. Einige bemalten das Gesicht, andere den Leib, andere nur die Augen, andere nur die Nase. Sie haben keine Waffen und kennen auch keine. Als ich ihnen einen Degen zeigte, griffen sie in die Klinge und verwundeten sich aus Unwissenheit daran. Sie haben kein Eisen, ihre Speere sind Stangen ohne Eisen; einige haben an der Spitze einen Fischzahn, andere eine andere harte Spitze. Sie sind samt und sonders von hohem Wuchs und regelmäßigen, angenehmen Gesichtszügen. Einige hatten, wie ich sah, an ihrem Leibe Wundnarben; ich fragte sie durch Zeichen, woher die Narben kämen, da gaben sie durch Geberden zu verstehen, daß von den benachbarten Inseln bisweilen Feinde landeten, um sie wegzuschleppen, und daß sie sich dagegen verteidigten. Ich vermute daher, daß vom Festlande aus Menschenraub getrieben wird. Es müssen ganz brauchbare Sklaven sein; auch scheinen sie ganz guten Verstand zu haben, denn sie sprechen sofort alles nach, was man ihnen sagt. Ich glaube, sie lassen sich leicht zum Christentum bekehren, da sie, wie es scheint, bis jetzt noch gar keine besondere Religion haben. Wenn es Gott gefällt, werde ich bei meiner Abreise von hier sechs von ihnen zu Ew. Hoheiten mitnehmen, damit sie spanisch lernen. Auf der ganzen Insel habe ich außer Papageien kein wildes Tier gefunden.

Am nächsten Tage kamen die Indianer mit ihren Almadias, ihren Kanus, aus einem hohlen Baumstamme gefertigte Nachen, die 40—45 Menschen aufnehmen können, ans Schiff heran; als Ruder bedienten sie sich einer Art Schaufel und kamen sehr rasch vorwärts. Wenn das Boot umschlägt, schöpfen sie schwimmend das Wasser mit Kalabassen wieder aus."

Columbus forschte eifrig nach Gold, wovon er kleine Blättchen als Nasenschmuck bei ihnen fand, und erfuhr durch Zeichensprache, daß im Süden eine große Insel liege, deren König große goldene Gefäße besitze. Er forderte sie auf, mit ihm dahin zu segeln, aber sie hatten keine Lust dazu.

Das erste Land, das der Admiral zuerst betreten hatte, gehörte also seiner Meinung nach zu Indien, aber es war arm, und das gutherzige Volk konnte den Fremden nichts bieten, weder Gold, noch Edelgesteine, noch Gewürze. Und doch hat dieses arme Eiland, nicht in den Zeiten der Entdeckung, wo es für die Folgezeit unbeachtet blieb, wohl

aber für die Geschichte der Entdeckung eine besondere
Bedeutung als erstes Land, das die spanischen Schiffe in
der neuen Welt erreichten, und das der glückliche Entdecker
in feierlicher Weise betrat und für Spanien in Besitz nahm.

5. Guanahani.

Die Insel, an der Columbus zuerst, am 12. Oktober
1492, landete, hieß bei den Eingeborenen Guanahani,
und Las Casas bemerkt ausdrücklich, daß die letzte Silbe
des Wortes lang und betont ausgesprochen werde. Sie
war ungefähr 15 Leguas lang nach der Angabe desselben
Gewährsmannes, ganz niedrig, ohne ein Gebirge, wie ein
Garten voll von frischem, grünem Gebüsch, gleich allen
lukayischen Inseln. In der Mitte befand sich eine Lagune
von gutem, süßem Trinkwasser (?). Kayos war die Be=
zeichnung für Inseln, woher auch die spanische Bezeichnung
für die ganze Gruppe: Lukayen oder lukayische Inseln
stammt. Die einzelnen Inseln der Gruppe, die sich im
Nordosten von Florida, Kuba und Haiti in der Richtung
von SO. nach NW. über beinahe 8 Breitengrade erstreckt,
ruhen auf unterirdischen Korallen= oder Sandbänken, be=
stehen aus geschichtetem Kalkstein und lockerem Kalksand,
sind langgestreckt, teilweise mit fruchtbarer Humusschicht
bedeckt und erheben sich nirgends mehr als 60 Meter über
dem Seespiegel. Der Strand ist teilweise felsig, an frischem
Wasser fehlt es, die Lagunen stehen gewöhnlich unterirdisch
mit dem Meere in Verbindung.

Columbus bezeichnet die Insel Guanahani als sehr
groß und ganz flach, mit schönen grünen Bäumen, wohl
bewässert mit einer sehr großen Lagune in der Mitte. Die
Länge giebt er nicht so genau an, wie Las Casas, auch
sagt er nicht, daß die Lagune Süßwasser enthalten habe,

was auch nicht richtig ist. Sonst erfahren wir über den geographischen Charakter der Insel nicht mehr, als was gelegentlich bei der Umfahrt um das Eiland gesagt ist. Columbus ging danach am 14. Oktober von seinem Ankerplatze mit Böten um die Insel, zuerst in der Richtung nach NNO., um die andere Seite auch kennen zu lernen. Danach müßte die Küste in ost-nordöstlicher Richtung verlaufen. Aber obwohl sich viele Menschen am Lande zeigten und ihn durch Zeichen einluden, zu ihnen zu kommen, so wagte Columbus doch nicht zu landen, weil die ganze Insel ringsum von einer mächtigen Klippenreihe umsäumt war; indes blieb in der Mitte eine Bucht und ein Ankerplatz, groß genug für alle Fahrzeuge der ganzen Christenheit, mit enger Einfahrt. Innerhalb dieses Riff-Gürtels gab es einige Buchten, wo das Wasser sich nicht mehr bewegte, als in einer Pfütze. Nach Besichtigung dieses Hafens kehrte Columbus zu seinem Schiffe zurück und ging unter Segel.

Nach der Beschreibung von Las Casas lief ein großes Riff von Klippen rund um die ganze Insel, und innerhalb des Riffes gab es den sichersten Hafen und ruhiges Wasser wie in einem Teiche. Es sprang dort auch eine Art kleiner Halbinsel ins Meer vor, die an der schmalsten Stelle durch eine Arbeit von zwei Tagen, durch Graben eines Kanals hätte in eine Insel umgeschaffen werden können, wenn man vielleicht beabsichtigen sollte, später dort eine Festung anzulegen. Auf der Halbinsel standen sechs Hütten.

Nach diesen Angaben ist es nun unsere Aufgabe, die Insel zu suchen. Daß wir sie, nach der Richtung und dem Verlauf der Fahrt über den Ozean unter den heutigen Bahamas zu suchen haben, darüber besteht kein Zweifel mehr; denn die ganze Natur dieser Inseln spricht zu deutlich dafür. Aber welche einzelne Insel Columbus zuerst erreicht hat, darüber gehen auch heute noch die Meinungen auseinander. Wenn eine astronomische Bestimmung vorläge, würde sofort jeder Zweifel gehoben sein, allein eine Breitenbestimmung hat Columbus nicht versucht, es trieb ihn viel zu hastig nach den Goldländern weiter, und eine Längenbestimmung konnte damals noch nicht mit leidlicher An=

näherung ausgeführt werden. Wenn wir das Tagebuch des Entdeckers ganz vollständig besäßen, wäre es vielleicht möglich, sich der Wahrheit noch mehr zu nähern. Somit bleiben nur die lückenhafte Beschreibung des Eilandes und die Angaben über die weiteren Fahrten zwischen den Bahamas, die ihn bald vorwärts, bald zurück nach verschiedenen Himmelsgegenden mit seinen Schiffen an den flachen Inseln hinführten. Er sah mehrere ähnliche Inseln und benannte sie mit spanischen Namen; aber wir sind nicht sicher, ob er nicht einmal von der eigentümlichen Gestaltung dieser Korallenbauten irre geleitet, zwei Inseln für eine oder umgekehrt, eine Insel für zwei verschiedene gehalten und dementsprechend auch doppelt benannt hat.

Wir wollen nun zunächst den historischen Weg betreten, um die fragliche Insel ausfindig zu machen. Wir wissen bestimmt, daß die Eingeborenen die Insel Guanahani nannten, und daß Columbus ihr den Namen San Salvador (der Erlöser) gab. Man sollte nun meinen, es sei das einfachste, bei den Eingeborenen selbst sich zu erkundigen, ob der alte Name noch besteht oder wenigstens noch in der Überlieferung bekannt ist. Die Bemühungen in diesen Beziehungen müssen von vornherein als aussichtslos gelten, weil die indianische Rasse, die auf den lukayischen Inseln ohnehin nicht sehr zahlreich war, mindestens schon um 1525 also vor mehr als viertehalb Jahrhunderten, ausgestorben ist. Schon Columbus hatte die Bewohner nach Körpergestalt und Charakter als sehr brauchbare Sklaven bezeichnet. Die Insel Guanahani wurde selten besucht, Vicente Yañez Pinzon verlor an den Lukayen um 1500 eines seiner Schiffe, und Juan Ponce de Leon, den wir vorläufig noch als den Entdecker von Florida bezeichnen wollen, wenn auch nach neuerdings bekannt gewordenen Karten aus den ersten Jahren des 16. Jahrhunderts die Halbinsel Florida schon bekannt gewesen zu sein scheint, machte auf Guanahani Rast, um von da nach dem Festlande Nordamerikas hinüberzusteuern.

Mehrfach wird uns berichtet, daß kleine Entdecker, die in den westindischen Gewässern ihren Golddurst unbefriedigt sahen, sich für den Ausfall des erträumten Entdeckergewinns durch Menschenraub auf den Lukayen schadlos zu halten suchten; denn die Lukayer waren ausgezeichnete Schwimmer und konnten recht gut als Taucher auf den neu entdeckten Perlenbänken verwandt werden. Wurde doch sogar einer Plantagengesellschaft auf Kuba 1508 gestattet, die friedlichen Bewohner der Koralleninseln wegzufangen und nach Kuba zu bringen, angeblich um sie leichter zu Christen machen zu können, in Wirklichkeit natürlich, um sie zur Sklavenarbeit zu verbrauchen. Die Entvölkerung nahm von da an einen so raschen Verlauf, daß 1520 zwei zu gleichem Zweck von Haiti ausgehende Schiffe unverrichteter Sache die Inseln wieder verließen, weil man sie vollständig verödet fand. Dann erst fand der der Vernichtung preisgegebene Menschenstamm für seine letzten Reste ein mitleidiges Herz in Pedro de Isla, der die letzten 11 Indianer, die überhaupt auf allen Bahamas noch aufzutreiben waren, unter seinen Schutz nahm und vor seinen eigenen Landsleuten rettete. Er brachte sie nach Haiti, wo sie ausstarben. So waren also die Eingeborenen vor 1525 verschwunden und damit ihre Sprache und die Namen, die dieser angehörten. Man findet nun zwar den Namen Guanahani auf alten Karten, aber nach Lage und Zeichnung so unsicher, daß man mit größtem Bedacht an die Prüfung dieser Darstellung herantreten muß.

Nachdem die Inseln ausgeraubt waren, hatten sie für die Spanier ihren Wert verloren. Ob Columbus hier zuerst gelandet war, danach wurde nicht weiter gefragt. Peter Martyr, der, als Columbus eine gefeierte Persönlichkeit geworden war, sich auch an den Entdecker herandrängte und sich sogar eines Briefwechsels mit dem Admiral rühmte, ließ im Jahre 1511, also nur wenige Jahre nach dem Tode des Columbus, die erste Dekade seiner ozeanischen Angelegenheiten in Sevilla erscheinen und schrieb darin, er wolle die nördlich von Haiti gelegenen Inseln, also die Bahamas, mit Stillschweigen übergehen, weil die Spanier sie bereits aufgegeben hätten. Also auch der erste Geschichtsschreiber der neuen Welt fand schon kein Interesse mehr daran, den Landungspunkt des Entdeckungsgeschwaders zu nennen und zu bestimmen. Seinem Werk ist die erste gedruckte Karte von Westindien beigegeben; aber auch hier suchen wir den Namen Guanahani vergebens.

Wenn wir die wichtigsten Karten aus dem 16. Jahrhundert mustern, soweit sie uns ein Bild der neu entdeckten Gebiete vorführen, so ergiebt sich auch hier, daß fast nur die Spanier auf ihren handschriftlichen Karten den Namen Guanahani eintragen. Den von Columbus erteilten Namen S. Salvador giebt niemand an. So lesen wir den gesuchten Inselnamen bei Juan de la Cosa 1500, im Atlas von Kunstmann Tafel IV (Guanari), bei Alonso de St. Cruz im 3. Jahrzehnt des 16. Jahrhunderts, und auf den beiden von Kohl herausgegebenen Weltkarten von 1527 und 1529; hier sogar in geradezu mystischer Gestalt, in Kreuzesform ✠ mit einem Kranz von kleinen Kreuzen. Dagegen fehlt der Name bei den Italienern Cantino und Cancrio 1502, in den gedruckten Ptolemäuskarten von 1508 (Ruysch) und 1513 (Waldseemüller), ebenso auch bei dem Franzosen Nicolas Desliens 1541, von dessen Hand die königliche Bibliothek zu Dresden eine schöne Weltkarte auf Pergament besitzt. Die Zeichnung aller genannten Karten entspricht der wirklichen Gestalt der Bahamainseln in keiner Weise, man kann nur im allgemeinen erkennen, daß die Spanier die Insel Guanahani in den Nordosten von Kuba verlegen. Um etwas genauer die Insel bestimmen zu können, müssen wir in den Anfang des 17. Jahrhunderts gehen. Im Jahre 1601 erschien von dem spanischen Reichshistoriographen Herrera eine Beschreibung Westindiens (descripcion de las Indias ocidentales). Wenn man die diesem Werke beigegebene Karte der Bahamainseln genau prüft, dann ergiebt sich, wie dies zuerst H. Major in seiner Arbeit über die Landung des Columbus nachgewiesen hat, daß man die alten Namen der Bahamas sämtlich mit den heutigen auch der Lage nach dergestalt decken kann, daß für Guanahani nur die Watlingsinsel übrig bleibt. Daraus geht allerdings zunächst nur soviel hervor, daß man zu Herreras Zeit die jetzige Watlingsinsel für Guanahani gehalten hat, wobei ihm noch das Mißgeschick widerfahren ist, daß der Name in Guanihana entstellt ist.

Allein, wenn wir bedenken, daß Herreras Karte sicher auf älteren Darstellungen fußt, so erlangen wir damit schon die größere Wahrscheinlichkeit für die Gleichstellung von Watling und Guanahani.

Um zur Klarheit über diese Frage zu kommen, kann man noch einen Weg einschlagen: man kann dem Kurs des Entdeckers von der Insel Ferro über den Ozean nach Westen nachgehen. Da er die Richtung der Fahrt und die zurückgelegte Meilenzahl (hier natürlich die aus dem geheimen Tagebuche) Tag für Tag angiebt, so müßte man doch wohl ziemlich an die richtige Stelle kommen. Aber auch nur ziemlich. Denn auf diese Weise sind nicht weniger als 5 verschiedene Schiffskurse nachgewiesen, die uns sämtlich einen anderen Landungsplatz, eine andere Insel als Guanahani vorschlagen und empfehlen. Nach ihrer geographischen Lage kommen in der Richtung von N.-W. nach S.-O. folgende Inseln in Betracht: Catisland, Watlingsisland, Samana, Mariguana und Turkinseln. In der historischen Reihenfolge ordnen sich diese seit etwa 100 Jahren aufgetauchten Hypothesen in solcher Weise:

1. Don Juan Battista Muñoz erklärte sich in seiner 1793 in Madrid erschienenen Geschichte der neuen Welt, der ersten kritisch tüchtigen Darstellung, für die Watlingsinsel.

2. Don Martin Fernandez de Navarrete, der berühmte Herausgeber der auf die große Zeit der Entdeckungen bezüglichen Urkunden und Dokumente aus den spanischen Archiven entschied sich 1826 für die südlichste der in Frage kommenden, für die Große Turkinsel.

3. Washington Irving und Alexander v. Humboldt weisen auf Cat Island als das echte Guanahani hin.

4. Don Francisco Ad. de Varnhagen suchte 1864 den Landungspunkt in Mayaguana oder Mariguana.

5. Kapitän Ch. V. Fox trat 1880 für die Samanainsel, zwischen Watling und Mariguana ein.

Der englische Kapitän Becher, der ein besonderes Buch über diese Frage schrieb, ebenso der nordamerikanische Schiffslieutenant Murdoch, ferner der ausgezeichnete englische Geograph Clements R. Markham und unter den

Deutschen besonders O. Peschel vertraten wieder die Ansicht von Muñoz, sodaß gegenwärtig entschieden die Überzeugung mehr platzgreift, Columbus sei auf Watlingsinsland gelandet. Es mag nebenbei erwähnt werden, daß ganz neuerdings auch ein Spanier, der auf den Kanarischen Inseln wohnt, Antonio Maria Manrique sich in einem „Guanahani" betitelten Buche bemüht, denselben Beweis zu führen, ohne die Mehrzahl der obigen Autoritäten zu kennen. Über die Stellung aller dieser Schriftsteller zu einander mag noch ein charakteristischer Ausspruch von Markham hier Platz finden: „Wenn auch die Mehrzahl der genannten Schriftsteller ihre eigene Meinung nicht mit entscheidendem Erfolge verfechten kann, so haben sie doch alle großen Scharfsinn angewandt, um die Schwächen ihrer Gegner aufzudecken." Bei allen Beweisversuchen giebt es also angreifbare Stellen, und man kann nur von einer größeren oder geringeren Wahrscheinlichkeit sprechen. Schwierig bleibt namentlich auch der Nachweis, wie Columbus von Guanahani weiter gesegelt und welche Inseln er berührt hat, bis er Kuba erreichte.

Norden.

Süden.

Skizze der Insel Guanahani.

Nimmt man dagegen nur die Beschreibung Guanahanis nach den Äußerungen des Admirals, nicht nach den falschen Zusätzen des Las Casas, dann kann nur auf Watlingsinsel gewiesen werden. Las Casas hat die Größe dieser Insel übertrieben und hat auch sicher darin unrecht, daß er der inneren Lagune Süßwasser giebt; namentlich aber diese Lagune ist so charakteristisch und läßt sich samt Größe und Riffbildung bei keiner anderen so treffend wiederfinden. Man vergleiche nur die Beschreibung des Eilandes mit der hier eingerückten Zeichnung, um diese Ansicht bestätigt zu finden.

Und somit kann auch ich nur der Meinung beipflichten: Columbus landete am 12. Oktober 1492 auf dem damals Guanahani genannten flachen Eilande, das zu der Bahama= gruppe gehört.

6. Die Ergebnisse der ersten Entdeckungs= reise.

Nach drei Tagen verließ Columbus die erste Insel und wandte sich nach Südwesten. Er hatte einige Eingeborene von Guanahani mitgenommen, um sich leichter mit den Bewohnern der anderen zu entdeckenden Länder ver= ständigen zu können. Auch hatte er von ihnen schon so viel ermittelt, daß man auf den Nachbarinseln große goldene Arm= und Beinringe trüge. So steuerte er also nach Südwesten und erreichte bald eine langgestreckte, flache Insel von ähnlicher Bildung, wie San Salvador und taufte sie Santa Maria de la Concepcion. Das Volk war ebenso arm, wie auf Guanahani, und auf seine Frage nach Gold wurde er weiter nach einer anderen Insel gewiesen. Diese erhielt den Namen Fernandina und die folgende den Namen Isabella. So war auch in diesen Namen eine schickliche Ordnung zu erkennen. Der erste Dank für die Entdeckung gebührte dem Allmächtigen, daher erhielten die beiden ersten Inseln die Namen des Erlösers und der Mutter Gottes; dann wurden mit den folgenden Inseln die spanischen Majestäten bedacht.

An allen Eilanden wiederholten sich immer dieselben Scenen, die Einwohner erwiesen sich freundlich, zeigten den Matrosen die besten Quellen, um Wasser einzunehmen, wurden mit Kleinigkeiten beschenkt, die ihnen großes Vergnügen machten, und boten ihre geringen Produkte gern zum Tauschen an. Man lernte in ihren Hütten die indianische Erfindung der Hamaks kennen, ein Wort, aus dem unsere „Hängematte" entstellt ist. Größere Landtiere als eine kleine Art Hunde, die nicht bellten, traf man nicht; andere Haustiere fehlten. Das Meer wimmelte von fremdartigen, wundervoll gefärbten Fischen. Und der Admiral wurde nicht müde, immer von neuem die prachtvolle Pflanzenwelt der Insel Fernandina in der ihm eignen scharfen Beobachtungsweise, die sich auf alles in der ihm umgebenden Natur richtete, zu charakterisieren. Es ist verzeihlich, daß er in dem Gewirre tropischer Üppigkeit sich täuschen ließ und die Blätter der Schlingpflanzen und Schmarotzergewächse auch für Organe eines und desselben Baumes hielt. Während die Matrosen Wasser einnahmen, erging sich der Admiral unter den Bäumen. „Es war der schönste Anblick, den man sich denken kann," schreibt er in seinem Tagebuche. „Das Grün war so üppig und so frisch wie nur im Mai in Andalusien. Alle Bäume sind von den unserigen so verschieden wie Tag und Nacht. Da giebt es Bäume mit ganz verschieden gearteten Zweigen aus einem und demselben Stamme. Das ist höchst merkwürdig. Da giebt es z. B. Zweige mit Rohrblättern und andere Zweige mit den gefiederten Blättern der Pistazie. Und so finden sich auf ein und demselben Baume 5 oder 6 verschiedene Blattformen, und auf jedem Baume wieder verschiedene Formen. Aber das ist nicht etwa aufgepfropft, denn es sind Waldbäume, um die sich die Eingebornen nicht kümmern." Humboldt bemerkt zu dieser naiven Schilderung: „Nichts malt schöner jenes Zwischenwuchern von Schlingpflanzen als die sonderbare Mühe, die sich der Beobachter giebt, nachzuweisen, daß die Mischung und der wilde Überfluß an Laubwerk und Blumen keineswegs eine Folge des Aufpfropfens sei."

Aber der Entdecker möchte alle diese neuen Gewächse gern auf ihre Nutzbarkeit prüfen, er glaubte, daß manche darunter in Spanien wegen ihres Farbstoffes oder als Arzneimittel und Gewürz verwendet werden könnten. „Aber leider kenne ich sie nicht." Dann springt er sofort wieder auf den Hauptgedanken seiner Reise, das Gold des Orients, über, und schreibt Folgendes nieder: „Morgen gehe ich vor meiner Abreise noch an Land. Die Ortschaft liegt weiter im Binnenlande. Dort soll nach Angabe der Indianer, die ich bei mir habe, der König wohnen, der viel Gold an sich trägt. Ich werde den König sehen und mit diesem Fürsten sprechen, der nach Aussage der Indianer alle Nachbarinseln beherrscht. Indessen gebe ich auf solche Nachricht nicht viel, teils weil ich die Indianer nicht recht verstehe, und teils, weil ich sehe, daß es hier wenig Gold giebt, und daß wohl das wenige, das ihr König besitzt, ihnen viel zu sein scheint." Aber diese Hoffnungen, einen Goldfund zu machen, erfüllten sich nicht. Die kleinen Goldblättchen, die von einigen Indianern in der Nase getragen wurden, waren fast wertlos und einen König gabs nicht. Doch erfuhr hier Columbus zuerst etwas von einer sehr großen Insel gegen Südwesten, die bei den Indianern Kolba oder Kuba hieß, und die er — nach seiner Karte — für Zipango (Japan) erklärte. Von dort wollte er weiter nach dem Festlande fahren und in der Hauptstadt Quinsay die königlichen Briefe dem Großchan überreichen.

Am 24. Oktober wurden um Mitternacht die Anker gelichtet, und Columbus verließ das Nordende der Insel Isabella, jetzt Crooked Island, um nach Kuba hinüberzusteuern. Seine Indianer wiesen ihn nach Westsüdwest. Alle Segel wurden beigesetzt, und so bis Sonnenuntergang mit günstigem Winde auf das Ziel losgesteuert, dann aber bei Nacht wieder alle Segel bis auf eins gerefft, um nicht auf gefährliche Untiefen zu geraten. Am nächsten Tage wurden 7 oder 8 kleine Inselchen berührt. Von hier an, sagten die Indianer, brauchten sie mit ihren Pirogen noch anderthalb Tage, um Kuba zu erreichen. Columbus nannte die Inselchen Sandinseln (islas de arena), wegen der Untiefen, in denen sie lagen. Sie stehen auf dem südöstlichsten Vorsprunge der großen Bahamabank, die sich von Florida bis hierher zwischen den Bahamas und der Insel Kuba in südöstlicher Richtung hinzieht. Von hier aus ging Columbus in mehr südlicher Richtung nach der Nordküste Kubas hinüber, die er am 28. Oktober glücklich erreichte. An der herrlichgrünen Küste lief er mit seinem Geschwader in die Mündung eines Flusses ein, der eine hinreichende Tiefe hatte. Der Hafen war mit zahlreichen Palmen umgeben, die aber von den an der Guineaküste wachsenden verschieden waren. Columbus nannte den Hafen Puerto de San Salvador; es ist wahrscheinlich Puerto Naranjo, 75° 50′ w. v. Gr.

„Damals nahte die Zeit der Herbstregen ihrem Ende, so daß die tropische Natur in voller Jugendfrische prangte. Columbus wird nicht satt, die Nachtigallenschläge zu belauschen; die laue indische Luft dem andalusischen Frühlinge zu vergleichen und die üppige Wildnis am krautbedeckten, feuchten Ufer, den Reichtum an Pflanzengestalten in den durch Papageienschwärme belebten tropischen Wäldern zu bewundern. Jede neue Insel steigt ihm lieblicher aus dem Wasser, sie ist ihm schöner als die früheren, die schönste, die er bisher gesehen. Die Berge auf Kuba erinnern ihn bald an einen „Felsen der Liebenden", bald an die duftigen Bauwerke arabischer Moscheen. Empfänglich für jeden Liebreiz der Natur und alle holden Wunder der Schöpfung blickte er auf die tropische Herrlichkeit fast wie ein zärtlicher Vater in ein leuchtendes Kinderauge. Berauscht von seinem Erfolge glaubt er Mastixbäume in den Wäldern, Perlenbänke in der See, Gold im Metallglanze der sandigen Flußbetten zu erkennen, und alle unfaßlichen Träume von einem glückseligen Indien mit hellen Augen zu erblicken." (Peschel, Zeitalter der Entdeckungen. S. 204.)

Das Land, das er vor sich sah, und das sich in bedeutenden Gebirgen aus der See erhob, erinnerte ihn an Sizilien. Seine Indianer gaben ihm zu verstehen, daß man die Insel noch nicht in zwanzig Tagen mit einem Boote umfahren könne. Er fand bei den Eingebornen fast noch dieselben einfachen Verhältnisse wie auf den Bahamas, trotzdem bildete er sich, „fortwährend mit seinen Träumen systematischer Geographie beschäftigt" (Humboldt), auch hier wieder ein, daß die Seeschiffe des Großchans hieher in den von ihm entdeckten Häfen kämen und daß man das Festland von hier aus in zehn Tagen erreichen könne.

Nach dieser Anschauung war ihm sein Weg nach Westen vorgezeichnet. So kam er denn am 29. Oktober auf seiner Fahrt an den Eingang einer tiefen Bucht (Puerto de la Nuevitas), den er für einen Fluß hielt und Rio de Mares nannte. Fünfzehn Leguas weiter nach Osten erhob sich auf der kleinen Insel Guajaba ein mit Palmen geschmücktes Vorgebirge, das den Namen Cabo de Palmos erhielt. Dahinter sollte sich nach Aussage der an Bord der Pinta befindlichen Indianer ein Fluß finden, von dem aus man in vier Tagen nach Kuba komme.

War denn das ganze Land nicht Kuba, oder was meinten die Leute mit dem Worte Kuba? Martin Alonso äußerte seine Meinung dahin, Kuba sei eine Stadt und das Land, an dem man vorbeisegele, der Kontinent von Asien, der sich immer weiter nach Norden erstrecke. Die Küste verlief in der That stark nach Nordwesten. Der Fürst dieser Gegenden, fügte der Kapitän der Pinta hinzu, stehe mit dem Großchan auf Kriegsfuß, der Chan heiße bei den Leuten Cami und seine Residenz Fava.

Das also hatte man auf Grund der Toscanelli'schen Karte aus den Indianern herausgefragt, die offenbar die Fragen gar nicht verstanden hatten. Columbus eignete sich die Meinung Pinzons sofort an. Nun glaubte er selbst, er sei an Japan schon vorüber gefahren und habe die asiatische Küste erreicht. Schon am 1. November schrieb er in sein Tagebuch: „Es ist sicher, daß dies das Festland ist, und daß ich mich vor Zayton und Quinsay befinde, vielleicht höchstens noch 100 Leguas von der einen oder anderen Stadt entfernt." Las Casas hat zwar schon seinem Ärger über diese Phantasie in den Worten Luft gemacht: „Dies Gerede des Columbus verstehe ich nicht;" wenn er aber einen Blick auf die vor ihm liegende Karte Toscanellis geworfen hätte, mußte ihm das Gerede verständlich werden. Auch den anderen Ansichten Martin

Alonsos pflichtet der Admiral bei, wenn er sagt, „die Bewohner sind im Kriege mit dem Großchan, den sie Cavila nennen, sein Königreich heißt bei ihnen Bafan." Daß er weiter nach Norden gekommen war, wollte er nun auch an der Temperatur des Seewassers bemerken, die ihm gegen früher kalt vorkam. War dem so, dann war er weiter nach Norden geraten, als er wollte, und die zuerst entdeckten Eilande mußten zu jener Gruppe von Inseln gehören, die auf der Toscanelli'schen Karte neben der Inschrift: Oceanus orientalis Indiae stehen. Diese Inselflur liegt nach der Karte unter gleicher Breite mit Spanien. Nur unter diesen verwirrenden Eindrücken ist es verständlich, daß der Admiral am 20. Oktober schreiben konnte, er befinde sich nach seiner Schätzung („al parecer", das ist keine astronomische Ortsbestimmung), unter dem 42° nördlicher Breite, während er sich in Wirklichkeit unter dem 21°, also noch innerhalb der heißen Zone befand. Die Deutung, die Navarrete dieser Beobachtung des Entdeckers geben will, wonach die Quadranten jener Zeit die doppelte Polhöhe angegeben hätten, sodaß also die 42° in Wahrheit 21° nördlicher Breite entsprächen, ist durchaus hinfällig. Es gab weder solche Instrumente, noch hätte Columbus schreiben dürfen, er befinde sich unter 42° nördlicher Breite.

Einige Tage später will der Admiral wirklich mit einem Quadranten die Höhe genommen und dasselbe Ergebnis, 42° n. Br. gefunden haben. Wenn hier nicht, was schon Las Casas[12]) vermutete, ein Versehen des Schreibers vorliegt, muß die Behauptung als einer der deutlichsten Beweise dafür gelten, daß die Kenntnisse des Entdeckers in dieser Beziehung sehr gering waren. Am 21. November kommt die geogr. Breite noch einmal wieder zur Sprache. Der Admiral befand sich an diesem Tage angeblich wieder, wie am Rio de Mares, unter 42° n. Br.; „aber", fügte er hinzu, „ich lasse den Quadranten unbenutzt (tiene suspenso el cuadrante), bis ich an Land komme und ihn wieder in Stand setzen kann." Also eine Messung fand wenigstens an diesem Tage nicht statt, sondern nur eine Schätzung, und danach glaubte er unter gleicher Polhöhe mit Kastilien zu sein. Ebenso schlecht war seine Beobachtung am 13. Dezember, wo er an der Nordküste von Haiti mit seinem Quadranten die Breite von 34 Graden wollte ermittelt haben. Man muß in dieser Beziehung dem Urteile Breusings beipflichten, wenn er schreibt: Es läßt sich nun einmal nicht abstreiten, daß Columbus einen sehr geringen Grad wissenschaftlich-nautischer Kenntnisse besaß. Er war trotz allen Drängens seiner Herrscher (nach) seiner ersten Reise) nicht imstande, sein Versprechen zu erfüllen, die „Lesekarte" (carta de mareas) und die graduierte „Paßkarte" (pintura) einzuschicken, so daß diese ihm endlich raten mußten, auf die zweite Reise doch einen tüchtigen Astronomen mitzunehmen. Ich will nicht unterlassen, hier zu erwähnen, daß die Behauptung Navarretes, Columbus habe mit Quadranten beobachtet, auf denen man die doppelte Höhe abgelesen habe, rein aus der Luft gegriffen ist. Von solchen Instrumenten ist gar nichts bekannt. (Zeitschr. f. wiss. Geogr. II 193).

Wegen eines drohenden Unwetters kehrte Columbus am Abend des 31. Oktobers um, brach seine weitere Entdeckung der Nordküste Cubas ab und flüchtete sich in den Rio de Mares, wo er bis zum 12. November blieb. Denn von hier aus beschloß er, zwei Spanier, Rodrigo de Jerez und den gelehrten Juden Luis de Torres, der hebräisch, chaldäisch und etwas arabisch verstand, nebst zwei Indianern, von denen der eine aus Guanahani stammte und der andere am Rio de Mares wohnte, ins Innere zu schicken, um das Land zu erkunden.

Damit sie unterwegs keine Not litten, gab er ihnen Schnüre von Glasperlen mit, wofür sie sich Lebensmittel eintauschen sollten. In sechs Tagen sollten sie zurück sein. Sie sollten sich nach dem Könige des Landes umsehen und ihm die Botschaft von den spanischen Majestäten übermitteln, ihre Briefe und Geschenke mitnehmen und weiter nach den Staatsverhältnissen, den geographischen Einteilungen, Häfen, Flüssen u. s. w. forschen, und erhielten auch Proben von Gewürzen mit, um zu sehen, ob sich dergleichen im Lande fände.

In der Nacht zum 6. November kamen die Abgesandten wieder zurück. Zwölf Meilen weiter hatten sie ein Dorf von 50 Häusern gefunden, in denen etwa 1000 Menschen wohnten. Die Häuser glichen großen Zelten. Sie wurden hier mit der größten Feierlichkeit empfangen, alle Welt kam herbei, die Fremden zu sehen, die Indianer küßten ihnen Hände und Füße; denn sie verehrten die Sendboten als himmlische Wesen. Man bot ihnen zur Speise alles an, was sie hatten. Die Ersten des Dorfes trugen sie auf ihren Armen in das Haupthaus, boten ihnen Sessel an und setzten sich alle um sie herum auf die Erde. Der indianische Dolmetscher aus Guanahani erzählte ihnen dann, was für gute Menschen die Christen seien. Nachdem die eingeborenen Männer den Raum verlassen hatten, traten die Weiber herein und begrüßten die Fremden in gleicher Weise und wollten sich durch Betasten überzeugen, ob diese Wesen auch von Fleisch und Blut seien. Auf die Frage nach Gewürzen, deren Proben sie vorwiesen, zeigten sie nach Süden, um anzudeuten, daß dort diese Produkte zu finden seien. Als sie Abschied nahmen, wollten viele sie begleiten, weil sie meinten, sie kehrten in den Himmel zurück. Es kam auch ein Häuptling mit seinem Sohne und einem Diener mit an die Küste. Der Admiral empfing sie auf das freundlichste und entließ sie wieder, obwohl er große Lust hatte, sie mit nach Spanien zu nehmen.

Bei dieser Gelegenheit lernten die Spanier auch die echt amerikanische Sitte des Tabakrauchens kennen, worüber sich Las Casas noch genauer als das Tagebuch des Entdeckers ausspricht. Auf ihrem Wege zu den Schiffen zurück begegneten die beiden Spanier vielen Männern und Frauen, die eine glühende Kohle in der Hand hatten und damit den Rauch von eingewickelten trockenen Blättern einzogen. Diese Krautrollen sahen wie eine papierne Patrone aus, wie sie sich die Kinder zum Pfingstfeste machen. An dem einen Ende waren die Rollen angezündet, und an dem anderen Ende sog man den Rauch. Dadurch wurde man eingeschläfert und gleichsam berauscht. Nach ihrer eigenen Aussage verloren sie dadurch die Müdigkeit. Diese Musketen hießen bei ihnen Tabacos. „Ich habe", fügt Las Casas dieser Beschreibung hinzu, „in Haiti Spanier gekannt, die diese Sitte angenommen hatten; und wenn ich ihnen dies Laster verbot, antworteten sie, sie könnten es nicht mehr lassen. Ich weiß nicht, was das für ein Genuß oder Vergnügen ist."

Inzwischen hatte sich der Admiral bei einigen alten Leuten, denen er Proben von Gold zeigte, erkundigt, ob dieses Metall auf Cuba vorkomme, und glaubte verstanden zu haben, daß es an einem Orte, namens Bohio, in großen Mengen vorkomme, daß es dort viel als Schmuck getragen werde und daß es dort auch Perlen gebe. Auch deutete er die Antworten der Indianer dahin, daß es dort im Südwesten große Schiffe und viele Handelswaren gebe. So fragte er alles, was er wünschte, aus diesen Naturkindern heraus, bis sie ihm schließlich auch die Phantastereien altgriechischer Schriftsteller zugaben, wonach es in jenen Ländern auch Einäugige und Hundsköpfe unter der mißgestalteten Menschheit geben sollte. Alle diese Nachrichten bestärkten den Admiral in der vorgefaßten Meinung, daß er sich in Ostasien befinde.

An nutzbaren, wertvolleren Produkten war eigentlich noch nichts gefunden; man müßte denn die Fülle schöner Baumwolle dahin rechnen, die in allen Hütten sich vorfand. Darum schlug Columbus in diesen Tagen, um sich und die Majestäten zu trösten, wieder den religiösen Ton an und wies auf den Gewinn der Kirche hin, wenn alle diese sanften, friedlichen Indianer bekehrt würden. „Ich bin überzeugt", schrieb er, „daß von dem Augenblicke an, wo gottesfürchtige, fromme Männer die Sprache der Bewohner lernen, diese alle zum Christentume übertreten. Ich hoffe zu Gott, daß Ew. Hoheiten sich rasch zu der Entsendung entschließen werden, um so große Völker in den Schoß der Kirche aufzunehmen, ebenso wie sie alle Ungläubigen vernichtet haben, die sich nicht zum Vater, Sohn und heiligen Geist bekennen wollen, und daß, wenn Sie ihre Tage beschließen (wir sind ja alle sterblich), die größte Ruhe in Ihren von Ketzerei und falscher Lehre befreiten Staaten herrschen wird."

Am 12. November stach Columbus wieder in See, und ging nach Südost, „um Gold und Spezereien zu suchen und Länder zu entdecken". Sein nächstes Ziel war eine angeblich goldreiche Insel Babeque.

Mit widrigen Winden kämpfend, kam er nur langsam vorwärts, mußte sich oft in eine schützende Bucht flüchten und war immer wieder von neuem entzückt über die herrliche Natur, über die hoch aufsteigenden Palmen, über die mächtigen Baumriesen, aus denen Boote gefertigt wurden, und wieder über die saftgrünen Ebenen und die klaren Gewässer. Das Gewirre der kleinen Küsteneilande hielt er für die zahllosen Inseln, die auf den Weltkarten im äußersten Osten angegeben waren. Dem Meere erteilte er den Namen „Das Meer unserer lieben Frauen" (la mar de nuestra Señora).

Columbus rückte nur langsam vorwärts; da machte sich am 21. November die Pinta heimlich und allein auf den Weg, um Babeque, das Goldland, zu suchen. Weil das Schiff schneller segelte als die Santa Maria, so konnte Columbus nicht folgen. Licht- und Flaggensignale wurden von der Pinta nicht beachtet, und vom nächsten Tage an blieb sie auf länger als einen Monat verschwunden. In Bohio sollten nach Angabe der Indianer Menschen leben, die nur ein Auge auf der Stirn hatten. Auch diese Mißgestalt treffen wir schon im griechischen Altertum an. Man nannte sie Canibales und hatte große Furcht vor ihnen. Gegenwärtig bezeichnet man mit diesem Ausdruck „Menschenfresser". Columbus hatte wahrscheinlich das Wort carib (d. h. stark) nicht richtig aufgefaßt, und nahm dafür das ihm willkommenere Canib, denn darin war nach seiner Meinung ein Volksname enthalten. Canib konnte nur so viel bedeuten als Unterthanen des Chans, des Beherrschers von Ostasien.

Je weiter Columbus gegen die Ostspitze Kubas vorrückte, desto entzückender gestaltete sich die Landschaft, die Gestade mit ihren Palmenhainen waren von unbeschreiblicher Anmut. Tausend Zungen, meint er, reichen nicht hin, dieses Wunderland zu schildern. Die Hand ist unfähig, es zu beschreiben. Dazu ist die Luft erquickend, gesund, nicht fieberbrütend wie an der Küste von Guinea. Keiner von der ganzen Mannschaft ist krank. Damit diese herrlichen Gefilde nicht entweiht werden können, empfiehlt er den spanischen Majestäten, keinem Fremden zu gestatten, hierher zu kommen, wenn er nicht ein guter katholischer Christ ist; denn alle Entdeckungen sollen nur dem einen Zwecke dienen, die Herrlichkeit der christlichen Religion zu verteidigen und den heiligen Glauben zu verbreiten.

Am 5. Dezember erreichte Columbus das Ostende von Kuba, das Kap Mayci, dem er, weil er es für den äußersten Vorsprung von Asien hielt, den Namen Alpha und Omega beilegte.[14])

Bald tauchte fern über See gegen Südosten ein neues hohes Land aus den Fluten empor und entschied über die weitere Richtung der Fahrt. Schon am nächsten Tage war die Küste von Haiti erreicht. Wegen der Ähnlichkeit der reizenden Landschaften mit den besten Gebieten Kastiliens nannte Columbus die Insel Espanola.

Er folgte der Nordküste; felsige, waldlose Uferhöhen wechselten mit kleinen Anpflanzungen ab, nächtliche Feuersignale wurden auf den Bergen sichtbar, und zahlreiche Kanus und Pirogen, die am Strande lagen oder auf dem Wasser schwärmten, ließen auf eine dichte Bevölkerung schließen. Am 12. Dezember wurde in der Nähe der Tortuga=(Schildkröten=)insel am Strande ein hohes Kreuz errichtet zum Zeichen der Besitzergreifung für die spanischen Herrscher. Mit den Eingeborenen wurde, so oft es die Umstände gestatteten, ein freundlicher Verkehr angeknüpft; man erkundigte sich vor allem nach Gold. Man sah mit Vergnügen hier kleinen Goldschmuck häufiger bei den Leuten. Die materielle Kultur des Landes schien höher zu stehen als auf Kuba, die Ständegliederung war weiter entwickelt, Fürsten und Häuptlinge nahmen in der Landschaft eine geachtete Stellung ein und wußten sich auch beim Verkehr mit den Spaniern würdevoll zu benehmen. Diese Häuptlinge hießen Kaziken; einer derselben hatte ein Stück Gold, handgroß. Das war für Columbus natürlich wieder ein Zeichen, daß er sich in der Nähe eines goldreichen Landes befand, und er hoffte, daß der All=

mächtige ihn bald dahin führen werde. Es gelang ihm, gegen Kleinigkeiten die spärlichen Goldproben einzutauschen, bis er am Weihnachtsabend bestimmtere Mitteilungen von einer goldreichen Landschaft im Innern der Insel erhielt. Aber der Name der Landschaft verlockte ihn wieder auf die geographischen Irrwege Ostasiens. Die Indianer nannten das Goldland Civao, und sofort war Columbus mit der Erklärung bei der Hand, Civao oder Cibao will dasselbe wie Cipango bedeuten. Wenn er in Kuba den östlichsten Vorsprung Asiens glaubte erkannt zu haben, dann mußte Haiti Zipango oder Japan sein, und der Ruhm seines goldreichen Binnenlandes war durch Marco Polo bis nach Europa gedrungen. „Möge der Herr nach seiner Barmherzigkeit mir beistehen", ruft er begeistert aus, „daß ich dieses Gold, d. h. diese Goldminen finde."

Doch das war der letzte Tag ungetrübter Freude; noch am Abend desselben Tages litt er Schiffbruch. Die beiden Fahrzeuge segelten mit mäßigem Winde nach Osten. Es war abends 11 Uhr. Der Admiral, der 2 Tage und 1 Nacht nicht geschlafen hatte, beschloß, sich zur Ruhe zu legen. Da nun die Fahrt ganz ruhig verlief, glaubte auch der Steuermann, etwas schlafen zu können, und überließ, gegen den ausdrücklichen Befehl des Admirals, das Steuer einem unerfahrenen Schiffsjungen. Vor Korallenriffen brauchte man nicht besorgt zu sein, weil die Schiffsböte mehrere Meilen weit das Meer untersucht hatten. Aber bald drang das Geräusch einer Brandung, die über eine Sandbank lief, durch die Stille der Nacht. Die Strömung führte das Schiff gerade dahin, denn obwohl es Nacht war, sah und hörte man die Brandung eine Stunde weit. Das Schiff geriet fast unmerklich auf die Bank. Dann erst, als das Steuer sich nicht mehr bewegen ließ, fing der Junge laut an zu schreien. Sofort war, vor allen andern, der Admiral aufgesprungen und gab den Befehl, am Hinterteile des Schiffes einen Anker auszuwerfen. Der Schiffsmeister und mehrere Matrosen sprangen in die Böte und schienen den Befehl ausführen zu wollen, eilten aber statt dessen zur Niña, die eine halbe Meile entfernt war, in der Absicht, ihr Leben zu retten. Doch die Niña nahm die Leute nicht auf. Leider sank die Flut sehr rasch, so daß das Schiff sich bald auf die Seite neigte. Man mußte, um das Kentern zu verhindern, den Hauptmast kappen; aber auch dadurch konnte das Schiff nicht mehr gerettet werden, denn das Wasser drang schon durch die Fugen ein. Glücklicherweise blieb das Meer ruhig. Columbus begab sich auf die Niña und erwartete in der Nähe der Unglücksstelle den Tag. Inzwischen war die Schaluppe ans Land gegangen, um den befreundeten Kaziken von dem Unfall in Kenntnis zu setzen. Dieser sandte sofort eine große Anzahl von Kähnen, um bei der Bergung des Schiffsgutes behilflich zu sein, und erschien persönlich, um die Arbeiten zu überwachen. Dadurch ließ sich der Admiral vollständig über den Charakter und die Absichten der Indianer täuschen. Im Tagebuche ist über dieses Spiel folgende merkwürdige Stelle enthalten:

„Von Zeit zu Zeit schickte der Kazike einen seiner Verwandten, ganz in Thränen aufgelöst, um den Admiral zu trösten und ihm alles anzubieten, was er besitze. Der Admiral versichert den spanischen Majestäten, er hätte nirgend in Kastilien sorgsamere Hilfe finden können, es sei auch nicht ein Nagelkopf verloren gegangen. Der Kazike ließ alles bei den Häusern niederlegen, bis darüber verfügt war, wohin die Güter geschafft werden sollten. Bewaffnete mußten die ganze Nacht wachen, daß nichts abhanden komme. Er und das ganze Volk, sagt der Admiral, hörten nicht auf zu weinen. Die Leute sind so liebenswürdig und ohne Begehrlichkeit, daß man auf der ganzen Welt keine besseren Menschen und kein besseres Land finden kann. Sie lieben ihren Nächsten wie sich selbst. Ihre Art zu sprechen ist die sanfteste und liebenswürdigste von der Welt, immer mit lächelnder Miene." Daß dieses sanfte Völkchen die erste spanische Kolonie bald darauf vernichtete und bei der zweiten Ankunft des Admirals vortrefflich zu heucheln verstand, wird sich bald zeigen. Columbus war kein Menschenkenner und darum auch nicht geeignet, die jungen Kolonien zu regieren.

Den Schiffbrüchigen wies der Kazike zwei größere Hütten an, und nun entspann sich hier am Strande bald ein lebhafter Tauschhandel. Die Eingebornen wußten, daß die Spanier nur nach Gold verlangten, und boten immer mehr Stückchen Goldes an, das sie willig für ein kleines Glöckchen, eine Schelle hingaben. Columbus lud den Kaziken zu Gaste und bewunderte den Anstand, mit dem dieser sich bei Tische zu benehmen wußte; und der einheimische Fürst hinwieder bewirtete den Admiral mit Fischen, Wildpret und Gebäck von Kassave, dann übergab er ihm eine Maske, die mit vielem Golde verziert war. Hier also befand man sich im Goldlande, und Columbus sah es für eine besondere Fügung Gottes an, daß er gerade hier hatte Schiffbruch leiden müssen.

Es war notwendig, einen Teil der Mannschaft hier zu lassen; denn unmöglich konnten alle Schiffbrüchigen auf der kleinen Karawele untergebracht werden, die ihm vorläufig, nach dem Verschwinden der Pinta, allein übrig geblieben war. Der Kazike Guacanagari zeigte sich damit einverstanden, daß die Spanier sich eine befestigte Niederlassung gründeten. An freiwilligen Kolonisten fehlte es bei dem Goldreichtum des Landes nicht. Es blieben 40 Mann mit 3 Offizieren auf Haiti zurück. Bis er von Spanien auf der zweiten Fahrt hierher zurückkehrte, hoffte Columbus, würden seine Kolonisten eine Tonne Goldes gesammelt oder eingetauscht haben. Dann könnten, hoffentlich schon vor Ablauf von drei Jahren, die Majestäten an die Eroberung des heiligen Grabes denken, wie er es ihnen als Endzweck aller Entdeckungen hingestellt hatte. Wörtlich schrieb der Admiral: „So habe ich mich vor Ew. Hoheit erklärt, daß der ganze Gewinn meiner Unternehmung nur zur Eroberung Jerusalems verwendet werden solle. Ew. Hoheiten lachten darüber und meinten, daß Ihnen das gefiele, und daß Sie auch ohne dies Lust dazu hätten."

Columbus blieb zehn Tage am Lande. Der mit Graben und Wall gesicherten Ansiedlung gab er den Namen Navidad (Weihnachten). Waffen, Geschütz und Proviant, Schiffszwieback für ein ganzes Jahr wurden hineingeschafft und die neuen Ansiedler mit allem Nötigen wohl versehen. Um aber den Eingebornen auch die Überlegenheit der europäischen Waffen zu zeigen, wurde mit Armbrust und Muskete geschossen und auch mit Kanonen gefeuert, worüber die Indianer gewaltig erschraken. In Scheingefechten wurde ihnen die Kriegskunst der Spanier eindringlich vor Augen geführt.

Ursprünglich hatte es im Plane des Admirals gelegen, bis zum April in jenen Ländern zu verweilen. Nach dem Verschwinden der Pinta war er aber unruhig und ängstlich geworden. Vielleicht war das Schiff schon nach Spanien zurückgekehrt und brachte die Meldung von den Entdeckungen vor ihm an den Hof. Vielleicht aber war das Schiff ganz verloren, und ihm blieb nur das kleinste Fahrzeug, mit dem er sich beeilen mußte heimzukehren, um die Kunde von den Entdeckungen sicher zu übermitteln.

Nachdem noch mancherlei Geschenke mit Guacanagari ausgetauscht waren und die Befehlshaber von Navidad ihre Verhaltungsmaßregeln, namentlich im Verkehr mit den Eingebornen erhalten hatten, ging Columbus am 4. Januar 1493 bei Sonnenaufgang wieder unter Segel. Schon nach zwei Tagen traf er mit der vermißten Pinta wieder zusammen, die ihm mit vollen Segeln entgegen kam. Pinzon kam alsbald zum Admiral an Bord und suchte sich zu entschuldigen. Und wenn auch Columbus recht wohl sah, daß Martin Alonso nur nach Ausflüchten suchte, um seine auf Gold gerichtete heimliche Entdeckungsreise zu bemänteln, so schwieg er doch vorläufig und verschob den Austrag dieses Vergehens auf spätere Zeit und auf spanischen Boden. Aber wir müssen doch die Kühnheit und Selbständigkeit dieses spanischen Seemannes bewundern, der sich schon auf der ersten Fahrt von der Leitung des Admirals lossagte und seinen eigenen Ideen beim Aufsuchen neuer Länder folgte. Er ist der Bahnbrecher für die große Schar der s. g. kleinen Entdecker geworden, die noch bei Lebzeiten des Admirals mit ihren Schiffen verwegen die neugefundenen Gestade umschwärmten und viel weitere Küstenstriche des festen Landes nach Süden hin entschleierten, als Columbus selbst. Hier konnte man mit vollem Rechte das Dichterwort Senecas auf Columbus anwenden: er hatte in der That den Ozean entfesselt.

Als Pinzon in der Nacht vom 21. zum 22. November entwichen war, hatte er sich vorgenommen, das Goldland Babeque zu suchen. Er war von der Küste Kubas gerade ostwärts gegangen und so auf die Insel Groß-Inagua gestoßen, die aber goldarm war. Von dort wurde er nach Südosten gewiesen und erreichte so die Mitte der Nordküste von Haiti. Bei der Kreuzfahrt an der Küste entspann sich bald ein lebhafter Tauschhandel mit Gold. Der Gewinn wurde dann zwischen dem Kapitän und der Mannschaft geteilt.

Pinzon wollte auch noch von einem andern ferneren Goldlande im Südwesten vernommen haben, das Yamaya hieß. Vielleicht ist Jamaika gemeint. Wenn man von da noch 10 Tage weiter segele, verkündeten die Indianer, dann komme man in ein Land, wo alle Menschen Kleider trügen. Vermutlich liegt darin die früheste Andeutung der Kulturvölker von Mittelamerika, besonders des Mayastammes in Yukatan.

Um diese Zeit erhielt Martin Alonso von einem Indianer die Kunde, daß sich weiter im Westen an der Küste auch ein Schiff befinde. Bei dem längeren Aufenthalte in Navidad konnte sich die Kunde rasch verbreiten und daher machte sich Pinzon auf und fuhr mit der Pinta dem Admiral entgegen. Gemeinschaftlich gingen sie dann an der Küste wieder nach Osten, bis sie am 12. Januar das Kap Samana erreichten. Dort blieben sie auch am 13. Januar liegen, weil Columbus aus der Stellung der Gestirne, demnach aus astrologischen Gründen, einen Sturm befürchtete. Bei dem Versuch, mit den wild bemalten Indianern in Tauschverkehr zu treten, fielen die wilden Kariben plötzlich über die Spanier her und wollten sie binden. So wurden diese zum erstenmale gezwungen, von ihren scharfen Waffen Gebrauch zu machen und die Indianer in die Flucht zu schlagen.

Von hier aus mußte sich Columbus beeilen, den Heimweg anzutreten. Die Schiffe ließen soviel Wasser ein, daß man nur mit Besorgnis an die Fahrt über die stürmische See denken konnte. Durch die karibischen Einwohner im östlichen Haiti hatte Columbus sich noch eine Be=

schreibung von zahlreichen Inseln, die sich gegen Südosten erstrecken sollten, geben lassen. Es war der Gürtel der kleinen Antillen, der damit am Horizont auftauchte, und den der Admiral bei seiner zweiten Fahrt zuerst aufsuchte. Am 16. Januar verließ er Haiti und steuerte nach Nordosten. Bis in die Mitte des Februar verlief die Fahrt günstig, man hatte schon den östlichen Rand des Sargassumgebiets wieder erreicht und näherte sich den Azoren. Da brach am 12. Februar ein furchtbarer Sturm los und warf die Fahrzeuge hilflos umher. Sie wurden von einander getrennt und fanden sich nicht wieder zusammen. Im Fall der Errettung wurden Wallfahrten nach Loreto, Guadelupe und zur Santa Clara in Moguer gelobt.

Als in der Nacht vom 14. zum 15. Februar die Not immer höher stieg und Columbus das Schiff schon verloren glaubte, griff er zu dem letzten Versuche, um im Falle seines Unterganges wenigstens seine Entdeckungen zu retten. Er schrieb sie kurz auf Pergament nieder, schloß das Dokument, das vorher in Wachstuch eingenäht und mit Wachs überzogen war, in ein wasserdichtes Kästchen und übergab es dem Meere. Dem Finder wurden 1000 Dukaten zugesagt, wenn der Bericht uneröffnet in die Hände der spanischen Regierung gelange.

Am 15. Februar abends heiterte sich der Himmel endlich wieder auf, und am 16. kamen die Azoren in Sicht. Columbus hatte nach der Versicherung im Tagebuch ziemlich gut den Schiffskurs bestimmt, dagegen hätten einige von den Seeleuten gemeint, man sei bei den Kanarien, andere glaubten, schon in der Nähe der Küste Portugals zu sein. Der Admiral war sehr froh darüber, daß er allein seine Lage richtig bestimmt hatte. Er meinte sogar in arger Überschätzung seiner nautischen Überlegenheit, es gehe aus der Unsicherheit der Leute hervor, daß sich außer ihm niemand auf See zurechtfinden könne, und daß er allein imstande sei, Indien wieder zu finden, oder wie er sich ausdrückt, daß er der Herr des Seeweges nach Indien wäre. Martin Alonso, der schon in Westindien seinen Weg allein gesucht, hatte auch nach dem Sturm seinen Weg allein nach Nordspanien gefunden und langte in dem Heimatlande eher wieder an, als Columbus selbst. An diesen gefährlichen Nebenbuhler hatte der Admiral offenbar gar nicht gedacht. Aber vielleicht hatte er auch nicht mehr an die Ortsgabe gedacht, die er in einem Briefe vom 15. Februar an Luis de Santangel gemacht hatte. Dieser ausführliche Bericht schließt mit den Worten: Gegeben auf der Karawele, auf der Höhe der Kanarischen Inseln am 15. Februar 1493. Ehe er an Land gekommen oder das Land erkannt hatte, war dieser Brief verfaßt worden. Danach war also auch Columbus der Ansicht gewesen, sich bei den Kanarien zu befinden. Es ist ein schlechter Ausweg, zu erklären, der Admiral habe sich verschrieben, es müsse Azoren heißen. Es wäre für einen Seemann eine unbegreifliche Flüchtigkeit. Die weiteren Schlußfolgerungen, die sich aus dem Vergleich mit der Ruhmredigkeit in seinen Tagebüchern ergeben, wollen wir unterlassen.

Am 19. Februar ging er an der Insel Santa Maria vor Anker. Der Gouverneur João de Castañeda argwöhnte, das Schiff komme aus den afrikanischen Gewässern und von Guinea, wohin nur Portugiesen fahren und handeln durften. Er ließ darum, als die eine Hälfte der Mannschaft von der Niña sich ihrem Gelübde gemäß anschickte, eine Wallfahrt zu unternehmen, die ganze Prozession gefangen nehmen. Von seinem Schiffe aus konnte Columbus diesen Vorgang nicht sehen, weil das Ziel der Wallfahrt, die Kapelle, hinter einer Bergkuppe lag. Als aber nach geraumer Zeit niemand ans Schiff zurückkehrte, wurde er besorgt und ahnte, was geschehen sei, sobald er eine Anzahl Bewaffneter in einer Schaluppe sich seinem Fahrzeuge nahen sah. Bei den Verhandlungen, die sich nun entspannen, zeigte sich klar die Absicht der Portugiesen, die ganze Mannschaft samt dem verdächtigen Schiffe gefangen zu nehmen. Columbus protestierte, nannte sich Admiral des Ozeans und Vizekönig von Indien, der im Auftrage Spaniens eine Entdeckungsreise gemacht habe und drohte, die Bestrafung des feindseligen Gouverneurs in Lissabon erwirken zu wollen. Er hielt es dann aber, als der Statthalter der Insel nicht nachgab, für geraten, zu entweichen. Er wollte nach St. Miguel hinüber, um dort einen besseren Hafen und freundlicheren Empfang zu suchen. Da aber die besten seiner Matrosen gefangen waren und er nur noch drei tüchtige Seeleute an Bord hatte, so mußte er bei dem stürmischen Wetter bald wieder umkehren, um in St. Maria wieder anzulaufen. Hier hatte unterdessen Castañeda aus den Angaben seiner Gefangenen die Überzeugung gewonnen, daß Columbus die portugiesischen Gewässer nicht berührt hatte. Er schickte einen Notar und einen Geistlichen an Bord und ersuchte den Admiral, ihnen seine königlichen Vollmachten vorzulegen. Nach Einsicht derselben wurde die Schiffsmannschaft wieder freigegeben, und so konnte Columbus am 24. Februar, als das Wetter günstiger zu werden versprach, seine Fahrt wieder fortsetzen. Aber kaum hatte er die Azoren verlassen, als heftige Wirbelstürme losbrachen, die Segel zerrissen und das Schiff in große Gefahr brachten. Erst am 4. März, als das Schiff vor Kap Roque an der Mündung des Tejo angelangt war, durfte man auf Rettung hoffen. Columbus wagte es, trotz des Sturmes nach der Mündung zu steuern und bei dem Städtchen Cascaës anzulaufen, das am südlichen Fuß der Serra de Cintra liegt. Von da ging er weiter gegen Lissabon. Alte Seeleute versicherten ihm, seit Menschengedenken sei kein Winter so stürmisch gewesen; an der Küste von Flandern seien fünfundzwanzig Schiffe gescheitert. Der Admiral schrieb dem Könige Johann, daß er aus Indien heimgekehrt sei und durch Sturm genötigt, an der Küste von Portugal habe Schutz suchen müssen. Er bat um die Erlaubnis, in Lissabon vor Anker gehen zu dürfen, angeblich, weil er in den Vorhäfen nicht unbehelligt bleibe, in der Wirklichkeit rechnete er auf eine Audienz, die ihm die Genugthuung dafür bringen sollte, daß sein Plan in Portugal abgewiesen worden war. Inzwischen blieb das Schiff in Rastello bei Belem liegen. Am 5. März kam Bartolomäus Dias, der Entdecker des Kaps der guten Hoffnung, der Kapitän eines großen Kriegsschiffes, das vor Rastello lag, mit einer Schaluppe heran und verlangte von Columbus, er solle zu ihm ins Boot kommen und sich legitimieren. Columbus erwiderte, als spanischer Admiral und Grande brauche er solchen

Seeoffizieren, wie Dias, in dieser Form keine Rechenschaft zu geben; er ließ sich aber doch herbei, ihm seine Papiere zu zeigen. Darauf hin erschien dann auch der Hafenkapitän Don Alvaro de Acuna mit Musik auf der Niña, begrüßte den Admiral sehr höflich und bot ihm seine Dienste an. Schnell verbreitete sich die Nachricht, das spanische Schiff komme von Japan. Neugierig strömte das Volk herbei, um den Entdecker zu sehen und die Indier, die er mitgebracht hatte, anzustaunen. „Heute", schrieb Columbus am 7. März, „kam wieder eine unzählige Menschenmenge an Bord, darunter viele Personen von hohem Range. Sie dankten alle Gott für das Glück und Wachstum der Christenheit, wie er es in die Hände der Könige von Kastilien gelegt hatte. Sie schrieben deren Erfolg dem lebhaften Eifer zu, womit Ihre Hoheiten für die Ausbreitung der Lehre Christi thätig sind."

Am nächsten Tage kam ein Brief vom Könige, der damals wegen der Pest in Lissabon, oberhalb der Hauptstadt in Val Paraiso bei Santarem residierte. Der König lud Columbus zu einem Besuche ein, der Admiral folgte der Einladung und wurde mit allen Ehren seines hohen Ranges empfangen. Er durfte das Haupt bedecken und sich niedersetzen. Der König benahm sich sehr klug und verriet mit nichts seinen Ärger über den Erfolg der Entdeckungsfahrt; doch bemerkte er, scheinbar nur nebenbei, es sei doch wohl noch fraglich, ob nach den zwischen Portugal und Spanien bestehenden Verträgen die neuentdeckten Länder nicht doch in portugiesischem Machtbereiche lägen.

Columbus erwiderte darauf, von solchen Verträgen sei ihm nichts bekannt, die spanischen Majestäten hätten ihm nur eindringlich befohlen, weder nach la Mina an der Goldküste, noch nach irgend einem anderen Teil Guineas zu gehen; auch hätten sie diesen Befehl vor seiner Abreise in allen Häfen Andalusiens bekannt machen lassen. Am 11. März hatte Columbus noch eine Audienz bei der Königin im Kloster S. Antonio beim Dorfe Villa franca und kehrte dann nach seinem Schiffe zurück. Die Verträge, auf die der König anspielte, hingen wahrscheinlich mit den päpstlichen Bullen zusammen, wonach den Portugiesen zu verschiedenen Zeiten, 1443, 1452, 1454 und 1455 die Länder der Sarazenen und Heiden in Afrika geschenkt worden waren. In der Bulle von 1454 überließ der Papst, nachdem die Portugiesen bis nach Guinea vorgedrungen waren, ihnen alle Länder der Heiden südlich vom Kap Bojador, und alles, was sie weiter entdecken würden, weil damals bereits seit 25 Jahren große Kosten auf diese Züge verwendet worden und nun Hoffnung vorhanden sei, mit Hilfe der neuentdeckten Völker die Mohammedaner in Nordafrika desto kräftiger bekämpfen zu können. Der Papst verbot damals nicht nur allen christlichen Fürsten, ohne Erlaubnis des Königs von Portugal dahin zu schiffen, sondern gab diesem auch die Erlaubnis, die Heiden in ewiger Knechtschaft und Sklaverei zu behalten. (Munoz, Gesch. d. neuen Welt. S. 206.)

Da Columbus natürlich genauere Angaben über die Lage der gefundenen Länder und über den dahin zu nehmenden Weg nicht machte — wenn man auch nach den früheren Verhandlungen und daraus, daß er von den Azoren kam, darauf schließen konnte — so blieb immerhin noch die Möglichkeit, daß jene Gebiete von Portugal beansprucht werden konnten. Jedenfalls standen lange Verhandlungen darüber in Aussicht.

Es wird nun erzählt, daß einige Höflinge, vielleicht durch irgend welche besorgliche Äußerungen des Königs verleitet, sich erboten hätten, mit Columbus Händel anzufangen und ihn dabei zu töten, in dem guten Glauben, daß dann die Entdeckungsfahrten der Spanier von selbst aufhören müßten; aber der König wies diesen Anschlag weit von sich, er schickte ihm sogar seinen Stallmeister, als er den Hof bereits verlassen hatte, nach, mit dem Anerbieten, ihm sicheres Geleit zu geben, wenn er zu Lande nach Kastilien gehen wolle. Columbus zog es aber vor, mit seinem Schiffe, mit seiner Mannschaft, mit allen Merkwürdigkeiten Indiens zugleich und zur See womöglich in demselben Hafen einzulaufen, von wo er ausgegangen war. So lichtete er denn am 13. März die Anker und kam nach 2 Tagen, am 15. März 1493 wieder auf der Rhede von Saltes vor Palos an.

Der Jubel der Stadt war unbeschreiblich, nicht bloß über den Erfolg der Fahrt, sondern weil außer der angesehenen Familie der Pinzonen noch manche Seeleute aus der Stadt stammten und nach halbjähriger Abwesenheit glücklich und ruhmgekrönt wieder heimkehrten. Und ein wunderbarer Zufall wollte es, daß am Abend des nämlichen Tages auch die Pinta ihren heimischen Hafen wieder erreichte.

Dieses Schiff war in der Sturmnacht im Februar weiter nach Norden verschlagen und hatte endlich den Hafen von Bayona im südlichen Galicien erreicht. Martin Alonso wünschte dem Könige sofort Bericht erstatten zu dürfen, erhielt aber auf sein Gesuch die Antwort, er habe im Gefolge des Admirals zu erscheinen. Dadurch fühlte er sich so tief gekränkt, daß er bald nach seiner Ankunft in Palos starb. Er war unzweifelhaft nächst Columbus der bedeutendste Seefahrer auf dem kleinen Geschwader, der auch allein seinen Weg im unbekannten Ozeane finden konnte. Er vor allem hatte das Unternehmen dadurch zu stande gebracht, daß er sich zur Teilnahme bereit erklärte und auch andern Seeleuten durch seine Sicherheit Mut einflößte. Durch ihn war eine tüchtige Mannschaft auserlesen Es wird sogar behauptet, er habe schon eine selbständige Fahrt gegen Westen geplant gehabt, als sich die spanische Regierung bereit erklärt, den Vorschlägen des Columbus zu folgen. Wenn er nun auch durch sein Entweichen das ganze Unternehmen in Gefahr brachte, so gebührt ihm doch der Ruhm, die wichtigste Stütze des Admirals gewesen zu sein, der seinen Rat und seine Erfahrung gern benutzte. Erst später wurde dieses Verdienst durch Karl V. geehrt, indem die Familie der Pinzonen in den Adelsstand erhoben wurde.

7. Die Teilung der Erde und die weitere Entdeckung in der neuen Welt.

Unter dem lauten Jubel des Volkes zog Columbus am 31. März in Sevilla ein. Ein Eilbote meldete den Majestäten, die damals in Barcelona Hof hielten, daß ihr Admiral aus der neuen Welt glücklich zurückgekehrt sei und vor Begierde brenne, ihnen die Wunder der neuen Länder vorzuzeigen und Bericht zu erstatten.

Er wurde darauf durch ein schmeichelhaftes Schreiben eingeladen, schleunigst an den Hof zu kommen, und er beeilte sich dergestalt, daß er schon um die Mitte des Aprils in Barcelona eintraf. Allenthalben strömten die Menschen zusammen; denn so schnell er auch reisen mochte, das Gerücht von dem Unerhörten, was geschehen war, flog ihm doch voran. Sein Empfang war großartig, überwältigend, es war der glorreichste Tag seines Lebens, die glänzende Vergeltung für die Verkennung, Verspottung und das jahrelange müßige Harren. In öffentlicher, feierlicher Audienz wurde er vom Hofe empfangen; der König und die Königin, umgeben von den Großen des Reiches und von unzähligen Rittern aus Kastilien, Katalonien, Valencia und Aragon, erhoben sich zu seiner Begrüßung, reichten ihm die Hand zum Kusse und gestatteten, daß er, sitzend, von seiner Fahrt Bericht gebe.

Das beredte Wort stand dem Admiral zu Gebote und so schilderte er die Entfesselung des Weltmeeres und die Entschleierung einer neuen Welt auf der bisher noch nicht betretenen Erdhälfte. Er wies die mitgebrachten Produkte vor: Goldkörner, Erzstufen, Bernstein, Baumwolle, Zweige und Wurzeln von aromatischen und medizinischen Pflanzen, angeblich auch Aloe, Mastix und Rhabarber, ferner die Nährpflanzen der neuen Welt: Mais, Yams, Bataten;

führte gegen vierzig prächtig gefärbte Papageien und endlich seine sechs Indianer, die er mitgebracht hatte, vor. Dann schilderte er die herrlichen Tropenlandschaften, die fruchtbaren Gefilde, die Gutartigkeit der Eingeborenen, von denen er die Überzeugung aussprach, daß sie bald würden zum Christentume bekehrt werden. Und er schloß gewiß mit ähnlichen Wendungen, wie in seinem Tagebuche und in den Briefen an Santangel und Sanchez. „Gewiß hat Gott durch Zeichen und Wunder bewiesen, daß er an dieser Reise sein Wohlgefallen hatte, und ich hoffe zu Gott, daß sie der ganzen Christenheit zur größten Ehre gereichen werde. Gelobt sei Gott, der allen denen, die seinen Wegen folgen, den Sieg verleiht, obwohl es dem menschlichen Verstand unmöglich scheint. So ist's auch mir widerfahren; denn mir ist ein Unternehmen geglückt, das noch kein Sterblicher gewagt hat. Obgleich man viel von diesen Inseln gesprochen und geschrieben hat, haben doch alle an ihrem Dasein gezweifelt und die ganze Geschichte als Fabel behandelt. Nun aber, da sie wirklich gefunden sind, mögen der König und die Königin, die Fürsten und ihre Staaten im Verein mit der ganzen Christenheit unserm Heiland Jesus Christus freudigen Dank darbringen, der uns diesen beispiellosen Sieg verliehen hat. Man möge Prozessionen veranstalten, Feste feiern, die Kirchen mit Blumen schmücken; Jesus Christus wird sich über die Erde, wie im Himmel freuen, daß nun so vielen verlornen Völkern das Heil schon in nächster Zeit gebracht werde. Zu gleicher Zeit wollen wir selber uns freuen, nicht bloß über die Erhöhung unseres Glaubens, sondern auch über die Vermehrung der irdischen Güter, die nicht nur Spanien, sondern der ganzen Christenheit zu gute kommen."

Columbus schlug den frommen schwärmerischen Ton des heiligen Glaubens immer stärker an, es war für Spanien auch noch für die folgenden Jahrhunderte die einzige treibende Kraft.

Daß er aber eigentlich sein Versprechen nicht gehalten und sein Geschwader nicht zu den menschenwimmelnden Städten des Orients, nicht zu den schimmernden Gewürzmärkten Indiens, nicht zu den goldgedeckten Palästen des

Großchans, nicht zu den von unzähligen Schiffen belebten Häfen Ostasiens geführt hatte, davon war gar keine Rede. Es mußte Indien, vielleicht der äußerste, noch unkultivierte Teil von Indien sein; denn auf ein anderes Land konnte er bei der Westfahrt nicht stoßen, an das Dasein eines bisher unbekannten großen Erdteils konnte damals noch niemand denken.

Columbus war für kurze Zeit der Gegenstand der Aufmerksamkeit des Hofes und der Bewunderung seiner Zeitgenossen. Und mitten in das helle Licht der Geschichte, das ihn hier umgab, schiebt sich wieder der Dämmerschein einer romantischen Erfindung ein, die uns an die Jugendfabeln erinnert. Hier in Barcelona soll sich die weltbekannte Anekdote von dem „Ei des Columbus" zugetragen haben. Auch dies ist möglichst ungeschickt erfunden. Der Sinn der pikanten Erzählung soll der sein, daß Widersacher und Neider die That des Entdeckers hätten verkleinern oder gar bezweifeln wollen. Ist es nun denkbar, daß diese schleichenden Feinde sich mit ihrer giftigen Zunge vorwagten, in einer Zeit, wo ihr Gegner im höchsten allgemeinsten Ansehen stand und ihr eigener Erfolg möglichst in Frage gestellt war? Ist es ferner eine sehr passende Antwort auf die Anfeindung, zu sagen: „Sowie ich das Ei auf den Tisch stelle, daß es steht, so habe ich die neue Welt entdeckt." Die entschiedenste Zurückweisung dieser Anekdote aus den Blättern der Geschichte muß aber erfolgen, wenn man, wie schon Voltaire vor mehr als 100 Jahren nachgewiesen hat, erfährt, daß bereits 50 Jahre vor Columbus dieselbe Geschichte in Italien wirklich sich zugetragen hat und in so glaubwürdiger, verständiger Weise geschehen ist, daß jeder Zweifel schwinden muß. Als Brunelleschi die Kuppel des Domes in Florenz baute, zweifelten viele, daß sein Gewölbe stehen könne, alle befürchteten den baldigen Einsturz. Da nahm der Baumeister ein Ei und stieß es auf den Tisch daß die Schale an dem einen Ende einbrach: „So wie dies Ei, wird meine Kuppel stehen." — Brunelleschi lebt ewig in der Kunst, aber vom Volke ist er vergessen. Columbus ist eine aller Welt bekannte Persönlichkeit;

also gilt dem Volke, das nicht gern denkt, das Ei des Columbus soviel als die Lösung eines Rätsels, an das sich niemand gewagt hat. —

Auf den Vorschlag des Columbus wurden sofort die Vorbereitungen zu einer neuen Fahrt, zu einem großen Kolonisations-Zuge getroffen. Wenn man frühere Jahre lange Bedenken getragen hatte, drei Schiffe an das Unternehmen zu wagen, so reichte jetzt ein halbes Jahr hin, um eine Flotte von 17 Schiffen auszurüsten. Jetzt wurden viel größere Summen sofort zur Verfügung gestellt.

In die Zeit der Vorbereitungen fielen aber auch wichtige Verhandlungen mit Portugal und mit dem päpstlichen Stuhle. Schon als Columbus seine Audienz bei König Johann II. hatte, berief sich der portugiesische König auf den Vertrag von 1479, in dem Spanien die päpstliche Schenkung anerkannte, wonach die Portugiesen allein über alles Land vom Kap Bojador bis nach Indien verfügen dürften. Der König hatte geäußert, die Länder, deren Entdeckung sich Columbus rühmte, möchten wohl zu seinem Machtbereiche gehören. Da er nun bald vernahm, wie große Anstrengungen man in Spanien machte, um eine neue Flotte auszusenden, glaubte er, um seinen Ansprüchen ein größeres Gewicht zu geben, ebenfalls eine Flotte ausrüsten zu müssen, um, wenn es zum Schutze seiner Rechte sein müsse, den Spaniern weitere Fahrten nach den Ländern des Westens zu wehren. Der König von Spanien wiederum hatte sich beeilt, die Kunde von den glänzenden Entdeckungen seines Admirals dem Papste Alexander VI. zugehen zu lassen, jedenfalls mit dem Wunsche, eine ähnliche Schenkung wie die Portugiesen zu erhalten. So war denn auch am 3. Mai 1493 eine Bulle erlassen, worin der Papst der Krone von Spanien die neue Welt zu ewigem Besitze schenkte mit der Bedingung, dort den christlichen Glauben zu verbreiten. Merkwürdig war dabei, daß in der scheinbar einfachsten Lösung die Gebiete der Portugiesen und Spanier durch eine Meridianlinie von einander geschieden waren, die 100 Leguas westlich von allen Azoren und Kapverden vom Nordpol zum Südpol laufen sollte. Es wäre damit der Erd=

apfel in zwei Hälften zerlegt, und die östliche den Portugiesen, die westliche den Spaniern zugewiesen.

Aber so einfach gestaltete sich damals die Frage der Teilung nicht, weil man noch kein wissenschaftlich sicheres Verfahren kannte, um Meridianabstände zu bestimmen. Schon die Nennung der Azoren und Kapverden neben einander als Ausgangspunkt der Messung verrät die Unsicherheit. Jetzt wissen wir, daß die westlichen Punkte beider Inselgruppen um sechs Meridiangrade von einander abstehen.

Im einzelnen ließ sich also die Bulle nicht ausführen, wohl aber konnte sie als Grundlage zu weiteren Verhandlungen und Untersuchungen dienen.

Spanien und Portugal bewachten argwöhnisch alle Bewegungen ihrer Flotten, man suchte daneben durch mündliche Verhandlungen nach einem friedlichen Ausgleiche. Anfänglich forderte Portugal, die Spanier sollten sich verpflichten, nicht über den Parallelkreis der Kanarien nach Süden zu gehen, sie versuchten also das Gebiet der ganzen heißen Zone für sich zu monopolisieren. Da aber glücklicherweise um jene Zeit Spanien einen günstigen Vertrag mit Frankreich, und darin die Auslieferung der Grafschaften Roussillon und Cerdaigne erlangt hatte und nach dieser Seite hin voller Friede wieder hergestellt war, so wiesen die Monarchen die Forderung Portugals zurück. Nach längeren Verhandlungen kam dann im Juni 1494 der Vertrag von Tordesillas zustande, wonach die Erde im Sinne der päpstlichen Bulle von Norden nach Süden geteilt wurde. Aber bei der Bestimmung der meridionalen Teilungslinie hatte man die Azoren ausgelassen, war von den Kapverden allein ausgegangen und hatte sich dahin geeinigt, die Demarkationslinie 370 Leguas westlich von den genannten Inseln anzusetzen. Durch Astronomen und Piloten sollte gemeinschaftlich die Grenzlinie bestimmt werden; aber zu einer geplanten Expedition kam es nicht, keiner wagte sich an die damals noch nicht zu lösende Aufgabe heran, und so blieb die eigentliche Teilungslinie noch unbestimmt, obwohl sie sich auf manchen alten Seekarten eingetragen findet. Dort wo nach den feinen Beobachtungen des Admirals sich über den atlantischen Ozean ein merklich anderes, lieblicheres, milderes Klima geltend machte, dort wo Columbus den Anfang seiner neuen Welt ansetzte, dort etwa wurde nun auch die politische Grenze zwischen den beiden wetteifernden Seemächten gezogen. Wenn man auf einer Weltkarte die Scheidelinie aufsucht und über den Äquator nach Süden verlängert, wird man mit Verwunderung gewahren, daß die ganze Ostseite Südamerikas noch den Portugiesen zufiel. Der merkwürdige Verlauf der Linie hatte unerwarteterweise ganz Brasilien auf den portugiesischen Anteil verlegt.

Noch ehe dieser Vertrag zu einem friedlichen Abschluß gebracht worden war, hatte Columbus seine große Flotte in Stand gesetzt, es waren 14 Karawelen und 3 Transportschiffe. Eine große Zahl von Edelleuten hatte sich zu dem abenteuerlichen Zuge erboten, unter ihnen der edle, jugendliche Alonso de Hojeda. Den Rittern folgten die Ordensgeistlichen als Glaubensboten, unter dem anfangs eifrigen Fray Boïl, als Arzt ging Dr. Chanca von Sevilla mit; ihm verdanken wir den erhaltenen Bericht über diese zweite Reise nach Amerika. Da es sich um Ansiedelungen handelte, waren auch zahlreiche Ackerbauer mit an Bord gegangen; europäische Getreide und andere Kulturgewächse sollten angebaut werden; auch kamen auf den Transportschiffen die ersten europäischen Haustiere, namentlich Pferde und Rinder mit, die sich dann später in der an eigenen Haustieren so armen neuen Welt ungeheuer vermehrten; nach Westindien gingen für die Ausbeutung der Golddistrikte Bergleute mit. Zimmerleute, Maurer und andere Handwerker sollten für die Bedürfnisse der Kolonisten sorgen. Und um die friedlichen Ansiedler zu schützen, bedurfte es einer ansehnlichen Truppenmacht, darunter müssen besonders zwanzig Lanzenreiter aus Granada genannt werden, die der Schrecken aller Indianer wurden. Im ganzen gingen über tausend besoldete Menschen mit, und rechnen wir die Seeleute dazu, so belief sich die Kopfzahl auf 1500. Dabei war für alle Lebensbedürfnisse in umsichtigster Weise gesorgt. Es hätte somit, wenn nicht durch die Schilderung des nunmehrigen Vizekönigs von Indien die Goldgier sich so entschieden vorgedrängt hätte, ein guter Grund zu einer kräftigen Ansiedlung gelegt werden können. Aber das meiste mitgelaufene Volk sah sich in dem goldarmen Lande nur zu bald arg enttäuscht, es erschlaffte im feuchten Klima und bildete bald, da ihm die Lust und Fähigkeit zur Arbeit fehlte, eine verhängnisvolle Plage für das neue Land.

Der Reiz des Neuen, Wunderbaren liegt nicht mehr über dieser zweiten und den übrigen Reisen des Admirals: wir können uns daher mit einem raschen Überblick über den Verlauf begnügen.

Am 25. September 1493 ging die Flotte aus der Bai von Cadiz unter Segel und steuerte nach den Kanarien, dort wurden noch weitere Vorräte, Pflanzen, Sämereien, Haustiere mitgenommen und am 14. Oktober die Fahrt über das Weltmeer in etwas südlicherer Richtung angetreten, um die jetzt so genannten kleinen Antillen zu erreichen, von denen Columbus schon auf seiner ersten Fahrt gehört hatte.

Schon am 3. November, einem Sonntage, kam die erste Insel in Sicht; sie wurde die Sonntagsinsel, Dominica genannt, dann folgten Marigalante, Guadalupe, Monserrate, und weiterhin, nachdem ein Schwarm von Eilanden berührt war, dem der Entdecker den Namen Elftausend Jungfrauen beilegte, die Auffindung der Insel Boriquen, die jetzt Puerto Rico heißt. Dem Dr. Chanca verdanken wir die erste vollständige Schilderung des Volksstammes der Kariben, die, obwohl dem Kannibalismus huldigend, doch höhere Kultur zeigten, als die auf der ersten Reise angetroffenen Indianer. Am 27. November wurde die Stätte erreicht, wo vor noch nicht Jahresfrist in Navidad auf Haiti der Grund zu einer Kolonie gelegt war. Die Ansiedelung war von den Eingeborenen zerstört und verbrannt, die spanische Besatzung getötet; mehrere Leichen fand man noch in der Umgebung des Ortes, von hohem Schilfgrase überwuchert. Die Indianer zeigten sich scheu, ein Häuptling aus dem Binnenlande, namens Kaonabo, sollte die junge Kolonie zerstört haben. Guacanagari, in dessen Gebiete Navidad gegründet war, wollte selbst im Kampfe gegen Kaonabo verwundet worden sein und hatte das Bein verbunden. Eine genaue Untersuchung des Schiffschirurgen zeigte indes keine Spur von Verletzungen. Heuchlerische Thränen und erlogene Geschichten sollten den Verdacht von ihm abwehren, Geschenke an Gold die Spanier beschwichtigen. Man riet dem Admiral, sich sofort des Guacanagari als eines Mitschuldigen zu bemächtigen; aber Columbus konnte sich zu dieser energischen That nicht entschließen, und am nächsten Tage schon bewies die Flucht des Kaziken, daß er sich vor genauerer Untersuchung des Ereignisses fürchtete. Weil die Gegend von Navidad sich nicht für eine Neugründung eignete, so segelte die Flotte wieder an der Küste nach Osten zurück und legte östlich von Monte Christo den Grund zu der ersten amerikanischen Stadt Isabella. Aber die Wahl auch dieses Ortes zeigte sich bald als ungünstig, sodaß der Ort später wieder aufgegeben werden mußte. Ein Teil der Flotte und glücklicherweise auch ein Teil der Kolonisten ging im Februar 1494 nach Spanien zurück. Um aber die große Zahl von Menschen, die in der neuen Welt verblieb, zu ernähren, mußten fast alle Lebensmittel aus dem Mutterlande herbeigeschafft werden. Die Kolonie bot keine Erträgnisse, die spärlichen Goldfunde kamen gegen die Unterhaltungskosten nicht in Betrag. Um nun die königliche Kasse doch möglichst zu entlasten, verfiel der Vizekönig auf den verzweifelten Gedanken, die Kosten durch Menschenraub zu decken. Columbus gab dem nach Europa zurückkehrenden Kapitän Antonio de Torres ein Memorandum mit, dessen einzelne Punkte den Majestäten zur Erwägung anheimgeben werden sollten; darin macht er nun folgenden Vorschlag zum Sklavenhandel, den er aber mit dem Seelenheil der Geraubten zu begründen sucht:

„Sagt Ihren Hoheiten, daß es für das Seelenheil der Kanibalen und anderen Eingeborenen am besten wäre, diese Wilden möglichst weit zu entfernen. Da wir nun Herden von Schlacht- und Lasttieren brauchen, so könnten alljährlich durch eine Anzahl Schiffe diese Tiere hierher gebracht werden und würden mit Kanibalen, kräftigen Menschen, die zu jeder Arbeit fähig sind, bezahlt. Fern von ihrer Heimat, würden sie ihre wilden Sitten bald auf=

geben." Es verdient rühmlich betont zu werden, daß die Majestäten auf diesen schändlichen Vorschlag nicht eingingen, sondern von Columbus andere Maßnahmen erwarteten.

Die Kolonie selbst hatte auf Haiti mit allen Schwierigkeiten zu kämpfen. Zur Unerfahrenheit in tropischen Anlagen, tropischen Kulturen, kam ein gefährliches Klima und eine schwer zu leitende Gesellschaft von Abenteuern, unter denen die ehrenwerten Charaktere die Minderzahl bildeten. Sie waren nicht in die neue Welt gezogen, um schwere Arbeit zu verrichten, sahen sich aber dazu genötigt, wenn sie ihr Leben fristen wollten. Daher wuchs die Zahl der Mißvergnügten, die bei jeder Gelegenheit zu Meuterei gegen den Statthalter geneigt waren. Auch gestaltete sich das Verhältnis zu den Eingeborenen nicht so freundlich, wie Columbus erwartet hatte. Trotzdem drängte ihn sein Verlangen, die begonnenen Entdeckungen bis zu dem wahren Indien fortzuführen. Er ernannte seinen Bruder Diego zu seinem Stellvertreter, der an der Spitze eines Rates von erprobten tüchtigen Männern während seiner Abwesenheit die Kolonie leiten sollte und brach am 24. April 1494 mit drei Schiffen zur weiteren Erforschung der Länder auf. Er wollte vor allem Gewißheit darüber haben, ob Kuba Festland oder Insel sei. Daher steuerte er von Haiti nach Kuba hinüber und verfolgte die Südküste des Landes, bis ihn die Indianer auf seine Frage nach Gold wieder nach Süden wiesen. Darauf änderte Columbus seinen Kurs und steuerte nach Süden und fand am 5. Mai Jamaika, die vierte der großen Antillen. Er ging an der Nordküste bis zu ihrem westlichen Ende, und weil er nirgends Gold fand, steuerte er wieder nach Kuba hinüber. Westlich vom Kap Santa Cruz stieß er auf das Gewirre kleiner, hübsch bewaldeter Eilande, dem er den Namen „Garten der Königin" gab und erfuhr hier von den Fischern, daß man gegen Abend zu einem Lande Magon komme, wo es geschwänzte Menschen gäbe, die ihre Misgestalt mit Kleidern verhüllten. Es war eine Andeutung des Mayavolkes, aber Columbus deutete den Namen auf die asiatische Landschaft Mangi und wurde in seinem Glauben bestärkt, Kuba sei das

Festland von Asien. Wenn man Küstenbewohner befragte, erklärten sie, das Land habe nach einer Fahrt von zehn Tagen ein Ende; als aber (unter dem 82. Meridian westlich von Greenwich) die Küste eine andere Richtung annahm und nach Südwesten verlief, gab es für Columbus keinen Zweifel mehr, und so ließ er denn, um seinen Irrtum beglaubigen zu lassen, am 12. Juni die ganze Mannschaft schwören und von dem Notar ein Protokoll darüber aufnehmen, daß Kuba keine Insel sei. Wäre er noch zwei Tage weiter gesegelt, dann hätte er das Ende des Landes am Kap Antonio erkennen müssen. Aber die rasche Abnahme der Lebensmittel, die gefahrdrohenden Unwetter, der mangelhafte Zustand der Schiffe mahnte zur Umkehr. Doch nahm der Admiral bei seinem Rückwege noch die Südküste von Jamaika und Haiti auf und hatte somit die großen Antillen mit ihrer Umgebung in ihren Hauptzügen enthüllt. Die Anstrengungen der Reise, die Schlaflosigkeit, zu der ihn die Pflicht der äußersten Wachsamkeit gebieterisch zwang, hatten die Kräfte des Admirals dermaßen erschöpft, daß er von Bewußtlosigkeit und Ohnmacht befallen wurde, weshalb man in höchstem Grade um ihn besorgt war. Man eilte nach Isabella und ließ dort am 29. September 1494 die Anker fallen.

Inzwischen war sein jüngerer Bruder Bartolomäus Columbus aus Spanien mit drei Schiffen angelangt. Im Auftrag des Admirals war er vor dessen erster Reise nach England gegangen, um dem König Heinrich VII. den Vorschlag zu einer Westfahrt zu machen. Als dann die Kunde von dem Erfolg rasch nach England gedrungen war, hatte der König sich bereit erklärt, die Pläne der Genuesen zu unterstützen. Bartolomäus eilte durch Frankreich und Spanien. Schon unterwegs erfuhr er von den Ergebnissen der ersten Entdeckungsreise und erkannte sofort, daß der ihm in England gewordene Auftrag hinfällig geworden sei. In Spanien wurde er ehrenvoll aufgenommen, in den Adelsstand erhoben und zum Befehlshaber von drei Schiffen ernannt, die nach Westindien bestimmt waren. Bartolomäus war ein ausgezeichneter Seemann von ernstem Charakter und bedeutender Willenskraft. Wenn er in der

Beweglichkeit des Geistes, lebhafter Phantasie und poetischer Auffassung der umgebenden Natur hinter seinem Bruder zurückstand, so übertraf er ihn in ruhiger Beurteilung der Menschen und in festem Willen; für die Beherrschung unruhiger Elemente und die Verwaltung einer im Entstehen begriffenen Kolonie war er mehr befähigt als der Vizekönig. Und so konnte ihm dieser auch unbedenklich die oberste Leitung anvertrauen, als er selbst es für dringend geboten erachtete, im Frühjahr 1496 einen Teil, etwa 200, der unnützen Ansiedler, die ihm zur Last fielen, nach Spanien zurückzuschaffen. Zu gleicher Zeit sollte auch der durch einen verwegenen Handstreich von Hoeda gefangene Kazike Kaonabo, der Hauptgegner der Spanier, die unfreiwillige Reise nach Europa mitmachen; allein er starb während der Fahrt.

Am 11. Juni landete Columbus in Cadix und begab sich von da an den Hof nach Burgos. Er benutzte diese Reise wieder dazu, dem Volke die vermeintlichen Schätze Indiens in öffentlichem Gepränge zu zeigen, mit dem er in die Städte einzog. Namentlich mußten sich die Indianer mit den Goldfunden schmücken. Es gab schon so viele Leute in Spanien, die siech und enttäuscht aus der neuen Welt zurückgekehrt waren und nun eben so viele Gegner als früher Verehrer des Admirals waren, daß es notwendig schien, dem Volke von neuem die Schätze zu zeigen, um das ganze Unternehmen nicht in Mißachtung fallen zu lassen. Columbus verstieg sich nun schon bis zu der kühnen Behauptung, er habe in Haiti das Salomonische Goldland Ophir gefunden. Als er sechs Jahre später die Küste von Mittelamerika entdeckte, versicherte er den spanischen Majestäten mit derselben Bestimmtheit, in Veragua habe er in den zwei ersten Tagen mehr Gold gesehen, als auf Haiti in vier Jahren. Haiti durfte danach nicht als Goldland bezeichnet werden; und so hat auch schon bald darauf Petrus Martyr gegen diese Ansicht seine berechtigten Bedenken ausgesprochen.

Die Königin blieb dem Unternehmen trotzdem stets gewogen und würde gewiß sofort die Mittel zu weiteren Fahrten angewiesen haben, wenn nicht der Krieg mit Frank=

reich und Familienangelegenheiten, die Verheiratung ihrer
Kinder, ihre Aufmerksamkeit augenblicklich ganz in Anspruch
genommen, und dann der Tod des Infanten Don Juan
lähmend eingewirkt hätten. So geschah es denn, daß
Columbus erst im Mai 1498 mit 6 Schiffen von San
Lucar aufbrechen konnte. Er hatte in Erfahrung gebracht,
daß ihm am Kap S. Vicente französische Schiffe auf=
lauerten. Um ihnen zu entweichen, steuerte er auf Madeira
und von da nach den Kanarien, von wo er drei Schiffe
geradenwegs nach Haiti sandte, während er mit den drei anderen
weiter südwärts segelte, um neue Entdeckungen zu machen.

Seltsame, aber zu jener Zeit anerkannte Theorieen
lehrten, daß die Erzeugnisse der Erde am wertvollsten in
der Nähe des Äquators seien und von da nach den Polen
immer geringfügiger würden. Man wußte, daß unter der
Linie des Gleichers in Indien Edelsteine, Perlen, Gold
und Gewürze zu finden seien: in derselben Zone allein
lebten aber auch schwarze Menschen, und je mehr man sich
vom Äquator entfernte, desto blasser wurde die Hautfarbe
der Menschen. Nun hatte Columbus in der neuen Welt
bisher nur braune Volksstämme angetroffen, daher waren
auch die geschätztesten Erzeugnisse entweder noch gar nicht,
oder nur in geringen Mengen angetroffen. Folglich mußte
er sich auf seiner neuen Fahrt dem Äquator noch mehr
nähern, und darum segelte Columbus von den Kapverden
nach Südwesten, denn auch auf der Toscanellischen Karte
waren nur im äquatorialen Gürtel, Gold, Perlen und Gewürze
verheißen. Durch den heißen Kalmengürtel gelangte er in
17 Tagen zu den Antillen. Am 31. Juli kam die süd=
liche der kleinen Antillen in Sicht und erhielt den Namen
Trinidad. Südwärts um die Insel herum kam Columbus
dann an das Deltaland des Orinokos und folgte der
starken Meeresströmung, die ihre stark bewegten Wasser
stürmisch durch die Enge des Drachenschlundes in das
karibische Meer drängt. Durch den mächtigen Orinoko=
strom wird das Meer mit süßem Wasser bedeckt. Die
schäumenden, kochenden Gewässer brachten den Schiffen
ernstliche Gefahr, und der Admiral stand zunächst vor
dieser seltsamen Erscheinung des Meeres ratlos da. Er

hatte schwarze Bewohner erwartet und fand sie noch heller als auf den Antillen, die Massen von Süßwasser konnten nur von großen Strömen herrühren, und die wilde Bewegung nur durch starkes Gefälle der Wasserbahn entstehen. Dann mußten die Flüsse von hohen Bergen in rasender Eile sich ins Meer stürzen. Aber von hohen Bergen war am Orinokodelta nichts zu sehen, die Gebirge stiegen erst weiter nördlich auf der Pariahalbinsel empor. Alle diese Beobachtungen stutzten sich bei Columbus zu einer neuen, ungeheuerlichen Theorie zusammen. Er war überzeugt, in die Nähe des irdischen Paradieses gekommen zu sein, das nach Ansicht seiner Autoritäten im äußersten Osten gelegen war. Dorthin war er aber auf seinen Fahrten ganz sicher gelangt. Das Paradies war von der Sündflut verschont geblieben; es mußte demnach auf einem Berge liegen, denn es rauschten von da vier Ströme ins Land. Von ihrem starken Fall rührte die stürmische Bewegung des Meeres her. Aber auch die helle Hautfarbe der Bewohner stützte die neue Lehre. Weil es in hohen Regionen kühler ist als in der heißen Niederung, deshalb können auch so nahe dem Äquator hellfarbige Menschen angetroffen werden, deren Heimat in der Nähe des hohen Paradieses zu suchen ist.

Es genügte aber zu dieser Auffassung nicht die einfache Annahme, daß das Paradies auf einem hohen Berge liegt, sondern der ganze Erdball mußte in jener Gegend eine hohe Anschwellung haben, in Folge deren die Erdgestalt nicht reine Kugelform mehr sein konnte. Columbus schreckte auch vor dieser Folgerung nicht zurück und sprach seine Ansicht ganz entschieden dahin aus, daß die Erde birnenförmig sei und daß demnach die Bezeichnung Erdapfel der Wahrheit nicht entspreche. So war also der Admiral des Ozeans durch seine Neigung zu mystischen Phantastereien schließlich dahingekommen, an den Fundamenten der tellurischen Wissenschaften zu zweifeln.

Aber es knüpfte sich an diese Gedankenreihe noch eine andere Vorstellung, ein Glaube an, der ihn in Spanien je mehr und mehr auf Irrwege führte. Bisher war noch kein Sterblicher wieder in die Nähe des Paradieses gelangt; ihm war es zuerst beschieden. Das konnte nur nach dem besonderen Ratschlusse Gottes geschehen sein, und so mußte er sich auch als den Propheten des Herrn ansehen. In dem sehr merkwürdigen Berichte über diese Reise hebt er also an: „Die heilige Dreieinigkeit inspirierte Ew: Hoheiten zu der Unternehmung nach Indien und wählten in ihrer unendlichen Güte mich, es zu verkündigen. So kam ich als Abgesandter des Höchsten zu Ihnen."

Ob aber das Land in der Nähe des Paradieses Insel oder Festland sei, das wagte Columbus nicht zu entscheiden. Es drängte ihn viel zu sehr, sich nach dem Schicksal seiner Kolonie umzusehen, als mit schwachen Fahrzeugen allzulange der herrlichen Nordküste Südamerikas nach Westen zu folgen. Eine Fahrt von einer oder zwei Wochen würde ihn von dem Vorhandensein eines großen Kontinents belehrt haben, aber dazu gebrach es angeblich an Lebensmitteln, gewiß an Unternehmungslust und auch an Gesundheit. Columbus fühlte sich krank, augenleidend, und so hielt er, da er nicht bloß Admiral, sondern auch Statthalter war, es für seine Pflicht, bei der Perleninsel Margarita an der Küste von Venezuela seine Fahrt abzubrechen und nordwärts nach Haiti zu gehen, wo unterdessen durch seinen Bruder Bartolomäus eine neue Stadt San Domingo angelegt war, die älteste europäische Ansiedlung in Amerika, die noch besteht.

Die nun folgenden beiden Jahre der Verwaltung waren für Columbus die schwersten seines Lebens, sie bedeuten den Zusammenbruch seiner königlichen Machtbefugnisse. Mit recht auffälligem Titel könnte man diesen Abschnitt seines Lebens überschreiben: „Vom Thron zum Kerker" oder „Scepter und Ketten". Es sollte sich leider nur zu bald zeigen, daß er seine Fähigkeiten überschätzt hatte, als er neben dem Range eines spanischen Admirals auch die Würde eines Statthalters forderte.

Columbus fand die Kolonie in vollem Aufruhr; der Oberrichter Franzisco Roldan, ein Mann, den der Admiral selbst zu seinem hohen Amte empfohlen hatte, stand an der Spitze der Widersacher. Zwar war es Bartolomäus Columbus gelungen, das Haupt der Meuterer aus dem eigentlichen Ansiedlungsgebiet nach der Landschaft Jaragua zu vertreiben; allein dort sammelte Roldan alle Unzufriedenen, Enttäuschten und Bedrückten um sich und bot den Anordnungen des obersten Leiters der Kolonien Trotz, und Columbus war nicht imstande, diese Schar von feindlichen Elementen zu bewältigen. Er fand auch unter den noch ruhig gebliebenen Spaniern zu wenig Unterstützung und würde, wenn er mit Gewalt eingeschritten wäre, vielleicht von den meisten verlassen worden sein. Das beste Mittel, diese zweifelhaften und schwankenden Gemüter auf seine Seite fest hinüber zu ziehen, wäre die volle Auszahlung des seit Monden rückständigen Soldes an alle Beamten gewesen; allein Columbus kam mit leeren Händen und konnte dem gerechten Begehren nur durch Anweisungen auf die königliche Kasse in Spanien entsprechen. Dabei mußte er den Vorwurf hören, daß er die Goldgewinnung als ein Alleinrecht für sich in Anspruch nehme und keinem andern Menschen gestatten wolle, gegen die vorgeschriebene Abgabe an die Staatskasse Gold zu suchen oder aus dem Flußsande zu waschen.

Die Meuterer wußten sich durch abgehende Schiffe auch mit dem Mutterlande in Verbindung zu setzen und unterließen nicht, die ganze Verwaltung der genuesischen Fremdlinge als eine Schädigung der Kolonie, als eine Beeinträchtigung der Spanier, als eine Kette von ungerechten, selbst grausamen Maßregeln darzustellen. Natürlich kam doch manches von diesen Beschwerden und Verleumdungen auch zu Ohren der Monarchen und mußte sie um ihre indische Schöpfung besorgt machen.

Columbus fing in seiner Ratlosigkeit an, mit den Rädelsführern zu verhandeln; es kam schließlich so weit, daß Roldan wieder in sein Amt eingesetzt und andere für ihren Ungehorsam mit Land beschenkt wurden. Und dabei war der Vergleich vom Vizekönig nicht ehrlich gemeint; echt jesuitisch meinte er, da er den Vertrag auf seinem Schiffe als Admiral unterzeichnet habe, so brauche er ihn als Vizekönig und Statthalter am Lande nicht zu halten. Und wenn er solche Grundsätze auch vor den spanischen Majestäten in seinen Berichten laut werden ließ, so hatte er damit sein Schicksal als Leiter der Kolonie besiegelt. Wie er selbst es erbeten hatte, so wurde mit königlicher Vollmacht ein Untersuchungsrichter in der Person des Francisco de Bobadilla nach Haiti geschickt, der sich aber vom ersten Augenblicke an auf die gegnerische Seite stellte. Als er im August 1500 nach San Domingo kam, ließ er zunächst die königlichen Beglaubigungsschreiben bekannt machen und bemächtigte sich dann der Festung, um die von Columbus verurteilten Gefangenen in seine Gewalt zu bekommen. Dann gab er die Goldgewinnung für jedermann frei und sicherte den Angestellten baldige Zahlung des rückständigen Gehaltes zu. So gewann er alle Spanier für sich und konnte nun auch Hand an den Vizekönig und seine Brüder legen. Zuerst wurde Diego Columbus, dann der Statthalter und endlich auch Bartolomäus, allerdings nur auf Bitten Diegos, sich der königlichen Entscheidung zu unterwerfen, gefangen genommen, in Ketten gelegt und nach Europa geschafft, wo sie im November 1500 ankamen.

Columbus war durch die Schmach, die ihm angethan, und durch die Verletzung seiner Privilegien tief gebeugt, er war gebrochen und hat auch diesen jähen Sturz nicht wieder überwinden können.

In Spanien machte die Demütigung des Entdeckers einer neuen Welt großes Aufsehen und auf die Majestäten einen geradezu peinlichen Eindruck. Daß der Vizekönig von Indien so schmachvoll behandelt werde, das hatten sie nicht gewollt. Bobadilla sollte als ein gerechter Richter seines Amtes walten, und nun hatte er auf sie selbst den Schein schwärzesten Undankes geworfen. Kaum war ihnen gemeldet, daß Columbus mit seinen Brüdern in Cadiz gefesselt an Land gebracht worden sei, als sie auch sofort den Befehl gaben, den Vizekönig zu befreien und mit allen ihm gebührenden Ehren auszuzeichnen. Der Hof befand sich in Granada, wohin Columbus sofort eilte. Die Romantik seines Lebens liefert hier wieder ein Meisterstückchen, indem sie als geschichtliches Ereignis die Mitteilung verbreitet, Columbus sei mit seinen Ketten belastet, am Throne erschienen.

Es ist unnötig, eine solche geschmacklose oder besser taktlose Erfindung zu widerlegen. Dagegen ist es sehr glaubhaft, daß, als der Admiral des Weltmeeres in der Audienz vor den Majestäten das Knie beugte, bittere Wehmut und die tiefste Seelenerschütterung seine Stimme erstickte.

Man verhieß gerechte Untersuchung seiner Sache, man erkannte sofort, daß die Absendung Bobadillas ein Mißgriff gewesen war, und beschloß, einen unparteiischen Richter abzusenden, der zwischen Columbus und seinen Gegnern entscheiden sollte. Dazu wurde Nicolas de Ovando ersehen, der im Februar 1502 mit großer Flotte und ansehnlicher Truppenmacht hinüberging. Bobadilla konnte, wenn er wollte, frei nach Spanien zurückkehren, Roldan und sein Anhang wurden gefangen gesetzt. So war bald die Ruhe wieder hergestellt: aber vergebens bemühte sich Columbus wieder um die Verwaltung seiner Länder. Nachdem seine Unfähigkeit erkannt worden war, schien namentlich König Ferdinand durchaus nicht geneigt, in dieser Richtung einen zweiten Versuch zu wagen; es hieße die eben beruhigte Ansiedelung von neuem in Wirren zu stürzen, die für den Bestand verhängnisvoll werden konnten. Seine Einkünfte und Gerechtsame blieben dem Vizekönig im übrigen ungeschmälert. Um ihn seinem eigentlichen Berufe wieder zuzuführen, gewährte man dem Admiral, wie er es gewünscht hatte, zum vierten Male einige Schiffe, damit er seine Entdeckung weiterführen könne.

Die letzten Jahre von 1498—1502 waren in Bezug auf neue Entdeckungen von höchstem Belang gewesen und hatten die allgemeine Erdansicht wesentlich verändert und bereichert. Südamerika war mit seiner Nordküste und Ostseite bis zum südlichen Wendekreise aus den Fluten aufgestiegen. Auf die erste Entdeckung Brasiliens durch den Portugiesen Cabral waren die Fahrten des Florentiners Amerigo Vespucci gefolgt.

Um dieselbe Zeit hatte Vasco de Gama um Afrika herum das wahre, dem Altertum bekannte Indien erreicht. Und wenn Columbus auch immer noch an dem Glauben festhielt, daß auch die von ihm und den sog. kleineren Entdeckern aufgefundenen Inseln und Landschaften zu Indien gehörten, so mußte er doch zugeben, daß er gewissermaßen nur den Vorhof von Indien betreten habe. War Kuba Festland, und waren unverkennbar auch die Küsten von Venezuela und Brasilien ein großes Land, dem man nicht den Charakter einer Insel geben durfte, dann blieb, um zu dem inneren Indien zu gelangen, nur der Seeweg südlich von Kuba nach Westen. Dort mußten doch Meeresstraßen weiter nach Westen schließlich bis zum portugiesischen Indien führen. Diesen Weg oder diese Straße, — nach unserer Vorstellung von der Landverteilung in der Neuen Welt könnte man von einer mittelamerikanischen Meerenge reden — wollte Columbus aufsuchen. Das war sein Ziel auf seiner letzten Reise, das war eine eines großen Entdeckers würdige Aufgabe, wozu er am 9. Mai 1502 mit vier kleinen Schiffen von Cadiz aufbrach. Ihn begleitete, als seine sicherste Stütze, sein Bruder Bartolomäus, außerdem nahm er zu dieser Fahrt seinen kaum 13 jährigen unehelichen Sohn Ferdinand mit.

Von den Kanarien hatte er in der Zeit vom 26. Mai bis zum 15. Juni eine glückliche leichte Fahrt und erreichte die Kette der kleinen Antillen bei der Insel Martinique, von wo er sich nach San Domingo hinüberwandte. Er wünschte nichts sehnlicher, als sich der Ansiedelung wieder an der Spitze eines Geschwaders zeigen zu können. Obwohl das Königspaar ihm das Anlaufen auf San Domingo nur auf seiner Rückreise gestattet hatte, machte er doch jetzt schon den Versuch und zog sich dadurch die verdiente Demütigung zu, daß auch Ovando ihm das Einlaufen in den Hafen entschieden untersagte. Und wiederum gab ihm Gott, wie er meinte, eine wunderbare Vergeltung. Lediglich aus der Stellung der Gestirne, wie sie in den Ephemeriden Regiomontans, die er an Bord hatte, angegeben waren, also aus astrologischen Gründen, folgerte Columbus, daß ein Sturm bevorstehe. Er bat daher den Statthalter, wenigstens die Absendung der ersten größeren Goldfracht (100000 Pesos) bis nach dem drohenden Unwetter zu verschieben. Aber seine Warnung wurde nicht beachtet. Die Flotte lief aus, geriet wirklich in einen Orkan und verlor 20 Schiffe mit Mann und Maus.

10*

Unter den Opfern des Sturmes befanden sich Bobadilla und Roldan, die Gegner des Admirals. Als dieser später davon erfuhr, erschien es ihm wie ein Gottesgericht. Der nämliche Sturm hatte auch das kleine Geschwader des Columbus überfallen; da er aber, vorbereitet, an der Küste Schutz gesucht hatte, so waren die Fahrzeuge zwar von den Ankern gerissen, aber sonst nur wenig beschädigt. Am 14. Juli ging der Admiral wieder unter Segel und steuerte gegen Westen; zwischen Kuba und Jamaika hindurch wandte sich dann gegen Südwesten und erreichte am 30. Juli die kleine Insel Guanaja im Hondurasgolf, nicht fern von der späteren Stadt Trujillo. Dort stieß er unerwartet auf das erste Kulturvolk der neuen Welt, auf Leute vom Mayastamme aus Yukatan. Es waren Handelsleute, die mit einer Barke, so groß wie eine Galeere, und 8 Fuß breit, dreißig Meilen über See hierher gekommen waren. Sie hatten ihre Weiber und Kinder mit an Bord, und das Schiff hatte ein Schattendach von Palmenzweigen zum Schutz gegen Regen und Sonne. Ihre Waren bestanden in buntgefärbten und gewirkten Baumwolltüchern, -Hemden ohne Ärmel und Schürzen, ferner Holzschwertern, deren Schneide durch Obsidiansplitter gebildet wurde, die auf beiden Seiten in Rillen sehr geschickt befestigt waren; sodann hatten sie kupferne Beile zum Holzfällen und Schellen und Schüsseln aus demselben Metall. Als Geld dienten ihnen Kakaobohnen, von denen sie einen großen Vorrat mit sich führten.

An Lebensmitteln hatten sie Mais, einige eßbare Wurzel-Knollen (Bataten und Yams) und ein aus Mais bereitetes Bier bei sich. Es waren im ganzen etwa 25 Personen auf dem Fahrzeuge; sie zeigten keine Furcht, wohl aber, als sie an das Schiff des Admirals herankamen, große Schamhaftigkeit. Nur ein alter, erfahrener Mann, der die umgebenden Länder kannte und darüber Auskunft geben konnte, wurde ausgefragt. Statt aber sich nach der Heimat der Handelsleute und dem Sitz ihrer Kultur zu erkundigen, legte Columbus den Schwerpunkt seiner Fragen auf das Gold, und so wurde er nach Süden zu einem Goldlande, namens Veragua, gewiesen. Daher ging die weitere Entdeckungsfahrt wieder nach Süden, während, wenn der Admiral sich nach der Herkunft der indischen Schiffer erkundigt hätte, er nach Nordwesten hätte segeln müssen.

Die Folge wäre die Entdeckung Yukatans und Mexikos gewesen. Die Angaben des Alten über das Goldland Veragua verleiteten Columbus wieder zu einer neuen Hypothese. Die Klassiker hatten von einer goldenen Halbinsel, einem goldenen Chersones berichtet (Halbinsel Malakka), der sich jenseits, d. h. östlich vom Ganges ins Meer erstrecken sollte. Dieser Chersones, meinte nun der Admiral, sei hier in der Nähe und trenne ihn vom Ganges: die Küste, an der er jetzt entlang segele, sei die Ostseite der goldenen Halbinsel. Wie etwa in Nordspanien Barcelona dem Hafen am biskayischen Meere gegenüberläge, so müsse man sich die Gestade, an denen sie nun entlang steuerten, gegenüber den Ländern am Ganges denken. Daß er sich von Kulturländern entferne, sollte ihm nur zu bald klar werden, denn man fand bei der Landung an der heutigen Hondurasküste fast nur nacktes Volk.

Die Fahrt nach Osten an dem flachen Gestade hin war bei andauerndem Sturm und Unwetter ebenso zeitraubend als gefahrvoll. Erst als er am 12. September das östliche Kap umsegelte, änderte sich das Wetter und war der Wind günstiger. Columbus, der es verstand, den entdeckten Gebieten, abgesehen von den Heiligennamen, auch ganz charakteristische, poetische Namen zu erteilen, taufte das Ostkap von Honduras „Gracias a Dios", d. h. Gott sei Dank! Am 25. September kam er an der Mündung des Rio de San Juan zu einem Indianerdorfe Kariai. Hier wurde länger Rast gemacht, um die Schiffe, die durch die Stürme arg gelitten hatten, auszubessern, und um der Mannschaft einige Erholung zu gewähren. Daß man den Goldländern entschieden näher komme, glaubte er aus den Antworten der Eingeborenen auf seine Fragen schließen zu können. Am 5. Oktober steuerten die Fahrzeuge weiter und kamen bald an die inselreiche Bucht von Chiriqui, unter 9° n. Br. Eine Landschaft an dem Golf nannten die Indianer Karabaró. Diese Namen in Verbindung mit den Goldberg=

werken, denen sie sich näherten, und in Beziehung zu dem auf Toscanellis Karte südlich vom Reiche des Großchans angebrachten Namen Ciamba, der wiederum dem von Marco Polo beschriebenen hinterindischen Reiche Tschampa entsprach, bestärkten den Admiral immer mehr in dem einmal gefaßten unerschütterlichen Wahne, er habe nun die Küste von Hinterindien erreicht und könne in etwa zehn Tagesfahrten bis zum Ganges vordringen.

Jemehr man sich von Chiriqui an die Küste Mittelamerikas nach Osten wendet, um so mehr ändert sich auch der landschaftliche Charakter. Der flache Strand mit seinen Lagunen und mit den Koralleninseln in der See verschwindet, Waldberge treten ans Ufer vor, das Meer wird tiefer und bildet eine Anzahl größerer oder kleinerer Buchten, die den Schiffen als Zufluchtsstätte dienen können. Auf die Bai von Chiriqui, wo Columbus auch die erste noch dunkle Kunde von einem großen Wasser jenseits des Landes, also die erste Mitteilung von der Nähe des stillen Ozeans erhielt, folgte dann die Küste von Veragua, das Goldland, an dem er aber in rasendem Sturme vorbeigetrieben wurde, bis er an der Landenge von Panama, im „schönen Hafen", Puerto bello, Schutz fand. Einen ganzen Monat war das Geschwader an dieser Küste festgebannt, jeder Versuch, weiter vorwärts zu dringen, wurde durch die stürmische See unmöglich gemacht, immer wieder mußten die Schiffe nach einer Fahrt von wenigen Meilen sich in eine Bucht retten. Columbus schilderte von Jamaika aus in seinem letzten Entdeckerberichte diese Stürme in der anschaulichsten Weise. „Man hat nie das Meer so hoch, so furchtbar, so mit Schaum bedeckt gesehen. Der Wind widersetzte sich unserem Vordringen, er hielt uns in dieser See fest, die wie ein Kessel über starkem Feuer kochte. Der Himmel sah ganz entsetzlich aus und flammte Tag und Nacht wie ein Schmelzofen, die Blitze zuckten derart, daß man fürchten mußte, Mast und Segel würden davon versengt. Die Donner rollten so entsetzlich, daß wir fürchteten, samt und sonders mit den Schiffen verschlungen zu werden. Dabei stürzte der Regen wie in einer neuen Sündflut nieder. Die Mannschaft war so ermattet, daß sie den Tod als eine Erlösung aus diesem Jammer ansah. Die Schiffe verloren zweimal ihre Schaluppen, Anker, Takelage und waren ohne Deck und Segel." Unter solchen Umständen war Columbus gezwungen, nach Veragua zurückzukehren. Die hohe See konnte er mit seinen furchtbar mitgenommenen und von Würmern zerfressenen Schiffen nicht mehr halten, solange solche Unwetter tobten. Erst im Anfange Februar 1503 trat eine Wendung im Wetter ein.

Während Columbus an Bord blieb, erforschte sein Bruder Bartolomäus in einzelnen Streifzügen das Land und fand in der That überall reichliche Spuren von Gold. Daher beschloß der Admiral, hier am Flusse Belem, in dem seine Schiffe ankerten, eine Niederlassung zu gründen. Aber der Plan wurde durch die Indianer vereitelt, die die fremden Eindringlinge angriffen, vertrieben und nötigten, sich auf ihre Schiffe zurückzuziehen. Eine Karawele blieb als nicht mehr seetüchtig am Lande zurück, mit den andern trat Columbus den Heimweg an. Es war bereits Ende April geworden. In der Nähe von Puerto bello mußte noch ein völlig unbrauchbares Fahrzeug verlassen werden, dann ging Columbus an der Küste noch weiter bis zum Golf von Darien, er erreichte also fast den Anfang von dem breiten Festlande Südamerikas. Hier mußte er aus Not auf weitere Entdeckungen verzichten. Es kam nur noch darauf an, von hier aus Jamaika zu erreichen. Aber er wurde durch Sturm und Meeresströmung zu weit westwärts getrieben und geriet in den „Garten der Königin" an der Südküste Kubas. Von hier richtete er seinen Lauf ostwärts nach Haiti hinüber, aber immer wieder brachen so schwere Stürme herein, daß er mit seinen schwachen Fahrzeugen, deren von Würmern durchlöcherte Wände Honigwaben glichen, wieder gegen Südosten abgetrieben wurde und sich endlich, nur um das Leben zu retten, genötigt sah, die Schiffe auf den Strand von Jamaika laufen zu lassen. Man konnte das immer stärker eindringende Wasser mit den Pumpen nicht mehr bewältigen, und so füllten sich denn auf seichtem Grunde die Schiffe bald bis ans Deck mit Wasser, konnten aber zum sichern Wohnort und Aufenthalt auf dem Verdeck von der Mannschaft benutzt werden. Die

Indianer erwiesen sich friedlich und lieferten Lebensmittel und selbst Böte, mit denen der treue Diego Mendez die gefährliche Seefahrt nach San Domingo wagte, um dem dortigen spanischen Statthalter die Meldung über den Schiffbruch des Admirals zu machen. Die anstrengende Ruderfahrt dauerte fünf Tage und vier Nächte. Der mißtrauische Statthalter Orando schickte erst nach Monaten ein kleines Schiff auf Kundschaft aus, um zu erfahren, ob die Lage des Admirals wirklich so hilflos sei, oder ob dieser sich nur einer List bedienen wolle, um doch in San Domingo ans Land zu kommen. Er wußte vielleicht nicht, daß dies dem Admiral bei seiner Rückkehr von der königlichen Regierung zugestanden war.

Inzwischen hatte sich die Lage der Schiffbrüchigen verschlimmert. Die Indianer wollten keine Lebensmittel mehr liefern, bis ihnen Columbus mit dem Zorn des Himmels drohte, der sich auch sichtlich in der am 29. Febr. 1504 eintretenden Mondfinsterniß kundgab. Der kindliche Geist der Indianer ließ sich dadurch verschüchtern und sie brachten den Gästen, die in offenbarer Gunst des Lichtgottes standen, wieder ihren Bedarf an Nahrung. Dann galt es, eine gefährliche Meuterei zu unterdrücken. Hierbei erwies sich namentlich Bartolomäus Columbus als der thatkräftige Leiter, um den sich die treuen Elemente scharten. Das kleine blutige Gefecht endigte am 19. Mai 1504 mit der Niederlage der Empörer. Sechs Wochen später schlug endlich die Stunde der Erlösung. Diego Mendez erschien am 25. Juni mit einem Schiffe und nahm die ganze Mannschaft auf. Am 13. August wurde San Domingo wieder erreicht. Nach einmonatigem Aufenthalte kehrte Columbus zum letzten Male aus der neuen Welt nach Spanien zurück und landete Anfang November in Cadiz — als ein Schiffbrüchiger.

Noch in demselben Monate starb seine hohe Gönnerin, die Königin Isabella, und damit ging auch die Sonne seines Lebens unter. Der Jubel, der ihn einst bei der Heimkehr von den ersten Fahrten stürmisch umbraust hatte, war verstummt. Die Begeisterung für die Schätze der neuen Welt war einer großen Ernüchterung gewichen. Die Verwaltung der transatlantischen Länder kostete Geld und Menschen; das Klima untergrub die Gesundheit, ohne dafür Wohlstand zu gewähren. Kein Mensch kümmerte sich mehr um den Admiral. Die falschen Freunde hielten sich fern.

Columbus brachte den Winter in Sevilla zu, keineswegs in Dürftigkeit oder Armut, wie wohl erzählt worden ist. Er wohnte im vornehmsten Stadtteile und besaß damals 4000 Castellanos (25 000 Mark), für damalige Verhältnisse ein ansehnliches Vermögen. Aber seine Ehren und Rechte, die er zurückforderte, blieben ihm versagt.

König Ferdinand behandelte die Angelegenheit als eine seinem Lande Aragonien ganz fremde Sache. Die Entdeckungen waren, mit kastilischem Gelde und von der Königin von Kastilien unterstützt, zur Ausführung gelangt. Darauf zielt auch der dem Admiral zuerteilte Spruch hin: „Für Kastilien und Leon fand eine neue Welt Colon." Alle Bewerbungen und Schreiben des Admirals fanden kühle Aufnahme. Man bot ihm für sein Vizekönigtum Besitzungen in Spanien an, doch darauf ging Columbus nicht ein. Er wollte zu Gunsten seines Sohnes Diego verzichten, das wurde von der Regierung abgelehnt.

So brachte er krank und gebeugt die letzten Lebensjahre einsam zu und starb am 21. Mai 1506 zu Valladolid. Sein Tod machte so wenig Aufsehen, daß die Chronik der Stadt, die alle kleinen Vorfälle jener Tage erwähnt, über das Ereignis, daß der Entdecker einer neuen Welt das Zeitliche gesegnet hat, nicht ein Wort der Erinnerung, der Anerkennung findet. Die Leiche wurde zuerst ins Franziskanerkloster zu Valladolid gebracht und dann im Kloster Santa Maria de las Cuevas bei Sevilla beigesetzt. Später sind die sterblichen Reste 1537 nach San Domingo gebracht und 1796 in den Dom zu Habana übergeführt.

Es ist nur ein grober Betrug, wenn man neuerlich wieder den Sarg und die Gebeine des Entdeckers in San Domingo aufgefunden haben will. Daß ihm die Ketten, mit denen er gefesselt worden war, mit ins Grab gegeben wurden, und zwar auf seinen eignen Wunsch, gehört zu den romantischen Neigungen des Columbus. Von dem Sohne Ferdinand, der in Sevilla lebte, kann unmöglich die

Angabe der Historien, Columbus sei mit großem Pomp in der Kathedrale von Sevilla beigesetzt, herrühren. Columbus fand seine Ruhestätte in der kleinen Karthäuserkirche jenseits des Guadalquivir Dagegen ist der Sohn Ferdinand selbst in der Kathedrale bestattet.

8. Columbus als Mensch.

Wir besitzen eine ganze Anzahl verschiedener Portraits von Columbus, seien es Ölgemälde oder Holzschnitte, die sich aber keineswegs gleichen. Justin Winsor giebt in seiner Geschichte von Amerika neun verschiedene Kopien, und noch im Anfang dieses Jahres 1891 kam aus Italien die Mitteilung, es sei in Como im Besitze des Dr. de Orchi ein echtes Bild des Entdeckers aufgefunden, das zweifellos aus dem Nachlaß des Schriftstellers Paul Jovio stamme, wonach schon im 16. Jahrhundert ein Holzschnitt angefertigt worden ist.

Bis jetzt verdient keins der verschiedenen Bilder unbedingtes Vertrauen, obwohl einige unter einander eine gewisse Familienähnlichkeit haben. Das Hauptbedenken gegen alle diese Darstellungen erhebt die Geschichte der Malerei in Spanien. Selbstverständlich kann aus der Jugendzeit in Italien kein Bild erwartet werden, und auch in Spanien dürfte es erst nach 1493, d. h. nach der ersten Entdeckungsfahrt angesetzt werden. Wenn sich aber bis jetzt aus der Lebenszeit des Admirals im gegebenen Falle, von 1493 bis 1506, kein spanischer Portraitmaler nachweisen läßt, wenn die Maler in jenen Tagen nur Heiligenbilder anfertigten, wenn mit Alonjo Sanchez Coello überhaupt erst in Spanien die Portraitmalerei beginnt, dann darf man mit Recht gegen jedes angebliche Bild von Columbus Zweifel erheben. Nun ist zwar trotz alledem nicht unmöglich, daß Columbus doch einmal von einem Italiener gezeichnet wäre, wie man auch die Vermutung ausgesprochen hat, Juan de la Cosa habe auf seiner Karte vom Jahre 1500 dem heiligen Christopherus Ähnlichkeit mit Columbus verliehen.

Auch darf hierbei nicht unbeachtet bleiben, daß Columbus eigentlich nur kurze Zeit eine gewisse Volkstümlichkeit besaß, und daß er in den letzten Lebensjahren fast vergessen war.

Um uns also eine Vorstellung von seiner Persönlichkeit machen zu können, müssen wir uns an die in Worten gegebenen Schilderungen seiner Zeitgenossen halten, und unter diesen verdient Las Casas am meisten Vertrauen. Columbus war von großer kräftiger Gestalt, hatte ein längliches Gesicht, Adlernase, graue, lebhafte Augen und in seiner Jugend rötliches Kopfhaar und rötlichen Bart. Aber das Haar ergraute frühzeitig, und daher erschien er älter, als er wirklich war; hat ihn doch auch sein Gastfreund Bernaldez darum um 10 Jahre zu alt geschätzt. In seiner spanischen Zeit kleidete er sich gern in ein braunes Gewand, das einer Mönchskutte glich. Im Umgange zeigte er sich milde und ernst und wußte sich eine Würde zu geben, die Ehrfurcht forderte. Im Essen und Trinken, wie in seiner Kleidung war er mäßig.

Er war, wenigstens in Spanien, der Kirche und dem kirchlichen Glauben unbedingt ergeben und trug dies auch in Wort und Schrift zur Schau. Bei allem, was er that oder sprach, begann er mit den Worten: Im Namen der heiligen Dreieinigkeit. Über alle seine Briefe setzte er die Worte: Jesus cum Maria sit nobis in via. Er hielt die Stunden des Gebets inne, wie ein Geistlicher, und war besonders dem heiligen Franziskus ergeben. Daher liebte er, wie dieser, die braungraue Farbe des Gewandes. Wir haben, sagte Las Casas ausdrücklich, ihn in Sevilla in einer Kleidung gesehen, die mit der der Franziskaner fast völlig übereinstimmte.

Wie im Glauben war er auch in den Wissenschaften von den gewählten oder erreichbaren Autoritäten völlig abhängig. Er traute den überlieferten Lehrsätzen mehr als seinen Augen. Mit welcher Zähigkeit hat er nicht an der Zuverlässigkeit der Toscanellischen Karte auf allen seinen Reisen festgehalten und bis an seinen Tod den Wahn genährt, die Ostseite der alten Welt entdeckt zu haben. Was Pierre d'Ailly über die Größe der Erde, die Schmalheit der Ozeane, die Lage des Paradieses und den Weltuntergang gelehrt hatte, wurde bei Columbus zum Glaubensartikel. Eine lebhafte Phantasie und eine für mystische Anschauungen empfängliche Seele erzeugten einen Fanatismus für seine Pläne und Ideen, denen er unbedenklich sein Leben weihte. „Columbus", sagt Ranke in seiner Weltgeschichte", lebte in lauter geistlichen Ideen und hatte keine Ahnung von einem ungeheuren Kontinent, der gleichsam in der Halbscheid des westlichen Meeres liege. Indem er auf den Antillen landete, glaubte er, er werde dort Gold und Silber finden, um die Mohammedaner zu bekämpfen und das gelobte Land zu erobern. Niemals hat ein großartiger Irrtum eine großartigere Entdeckung hervorgebracht." Höchst bemerkenswert ist die Charakteristik, die uns H. H. Bancroft in seiner Geschichte der pazifischen Staaten von dem Entdecker der neuen Welt gegeben hat. Ich will hier einige Sätze daraus mitteilen: „Der größte Mangel in den Fähigkeiten des Columbus, die übertriebene Leichtgläubigkeit, war die Hauptursache seines Erfolges. Er erhob den Anspruch auf eine göttliche Berufung zu dieser Mission; er versicherte, daß seine Reise ein Wunder sei, und er selbst dazu durch die allerheiligste Dreieinigkeit inspiriert sei; er schwor, das heilige Grab zu befreien, was er niemals that; er verkündigte Visionen, die er niemals sah, wie z. B. das St. Elmsfeuer am Topmast mit sieben angezündeten Kerzen, und erzählte von Stimmen, die er niemals hörte. Er schilderte sich selbst als Christträger[14]) zu umnachteten Heidenvölkern, während er in Wahrheit Legionen Teufel unter sie ausstreute."

Je mehr Drangsale auf ihn einstürmten, desto mehr verlor er sich in einem Labyrinth von Mysticismus. All sein seemännisches Können und Wissen hatte ihm, wie er dann behauptete, zu seinen Entdeckungen gar nichts genützt; es hatte in Erfüllung gehen müssen, was in der Bibel prophezeit war.

Und so kam er schließlich zu einer Verachtung aller wissenschaftlichen Leistungen. Von Natur mit einem klaren Blick für die Erscheinungen der umgebenden Natur begabt, ein begeisterter Beobachter alles dessen, was ihm auf seinen Fahrten begegnet, der nicht bloß sieht, sondern auch die glückliche Gabe lebendiger Schilderung besitzt, der Pflanzenformen der alten und neuen Welt vergleicht, auf die Verbreitung des Sargassum achtet, den Klimawechsel über dem atlantischen Ozean empfindet, die Deklination der Magnetnadel findet, Theorien über Meeresströmung und den Bau der westindischen Inseln ausbildet, ein solcher Mann war später imstande, die Kugelgestalt der Erde zu leugnen, damit also eigentlich die Grundlagen seiner Fahrt zu zerstören, nur um seinen Wahn vom irdischen Paradies festhalten zu können. Aber in diesem zähen Festhalten an seinen verfehlten Theorien lag seine Stärke, hier lag in seinem Fanatismus seine unüberwindliche Kraft, die ihn zu einem ungewöhnlichen Seefahrer machte.

Seine Leistungen in der praktischen Nautik waren nur mäßig, seine Breitenbestimmungen waren falsch, seine Orientierungen unsicher, auf der Rückkehr von der ersten Reise wähnte er bei den Kanarien zu sein, während die Azoren vor ihm lagen. Wenn er nicht wissentlich die Unwahrheit gesagt hat, hat er die Größe der Antillen, Kubas und Haitis arg übertrieben. Von seinen eignen Küstenaufnahmen von den Gebieten der neuen Welt ist nichts erhalten. Nach dieser Richtung hält er den Vergleich mit den großen, in ihrem Fache ausgezeichneten Entdeckern zur See nicht aus. Nur der zufällige Erfolg hat ihn groß gemacht, und dieser Erfolg, den er seinem felsenfesten Vertrauen auf die Gewißheit seines Zieles verdankte, war so groß, so weittragend auf Jahrhunderte hinaus, daß man über der That gern den Plan und die Befähigung vergißt.

Nach den ersten Fahrten, als eine Ernüchterung eintrat, und man nicht mehr an die lockenden Schilderungen des Admirals von den Schätzen der neuen Welt glaubte, verlor sich auch auf Jahre hinaus die Aufregung im Volke selbst. Erst als die Goldländer Mexiko und Peru erobert worden waren, trat der Einfluß auf das Abendland mehr hervor. Es war kein Grenzgebiet, kein Nachbargebiet, das gewonnen war, sondern eine ganz neue Welt hatte sich aufgethan, eine wirklich romantische Welt, wo es von Amazonen und Riesen wimmelte, wo man Goldkönige und Jungbrunnen gefunden haben wollte. Aber mehr als diese Phantastereien wirkte die Fülle der neuen Gegenstände, der neuen Erscheinungen in der organischen Welt, und wirkte namentlich die bald nach dem Tode des Columbus allgemein gewordene Überzeugung, daß die „neue Welt" nicht bloß ein neuer Name, ein Begriff, sondern in Wirklichkeit ein bisher unbekanntes großes Arbeitsfeld der wachsenden Menschheit sei. Dadurch war nicht nur der Horizont erweitert, die Erde selbst erschien größer, reicher als bisher. Es war eine neue Bühne für die Thaten des kommenden Menschengeschlechts aufgegangen, so groß, so reich, so eigenartig, daß sie sich bei stetig wachsender Kraft immer mehr aus der natürlichen Abhängigkeit von Europa loslösen und Schulter an Schulter mit der alten Welt in edlem Wetteifer an der Veredlung des menschlichen Lebens mitarbeiten konnte. So hat Columbus durch seine Entdeckung der Geschichte der Menschheit neue Bahnen eröffnet, wie kein anderer, und dieses Verdienst wird ihm ungeschmälert bleiben, was man sonst auch mit Fug und Recht gegen seine Person, gegen seinen Charakter, gegen seine nautische Bedeutung einwenden mag.

Anmerkungen.

¹) Sein Todestag fällt auf den 15. Mai 1482. Man hat neuerdings nach falschen Angaben in einer von Ignatio Dante besorgten Ausgabe des Sacrobosco, 1571, beweisen wollen, daß Columbus seine Entdeckung 1493 dem damals noch lebenden Toscanelli habe mitteilen können.

²) Im Februar 1486.

³) Die Angaben über die Stadt King-sze (Quinsay) schöpfte Toscanelli aus Marco Polo. Die Größe wurde übertrieben dargestellt, weil Polo das chinesische Längenmaß Li einer Meile gleichsetzte. Auch die Deutung des Namens, der so viel als „Hauptstadt" besagt, ist verfehlt, weil Polo kein chinesisch verstand.

⁴) Columbus führte von nun an nur diesen spanisch umgebildeten Namen.

⁵) Das Gebot erfolgte erst am 30. März 1492.

⁶) Daß Columbus sich über den wahren Zustand seiner Schiffe so getäuscht haben sollte, ist sehr auffällig. Die Pinta erlitt schon am dritten Tage der Fahrt einen bedeutlichen Schaden, und Wochen mußten auf den Kanarien geopfert werden, um die Schiffe wieder seetüchtig zu machen.

⁷) Daß die mongolische Dynastie in China schon 1368 gestürzt war, wußte man in Europa nicht.

⁸) Las Casas giebt hier in seiner Geschichte Indiens andere Zahlen. Er sagt: Am Sonntag, den 9. September segelte er bis zum Sonnenuntergang 60 Millien oder 15 Leguas und in der Nacht 120 Millien.

⁹) D. h. um $11^{1}/_{4}$ Grad.

¹⁰) Vergl. O. Krümmel, die nordatlantische Sargassosee, in Petermanns Mitteilungen 1891. S. 129—141.

¹¹) Den Namen Indios gab Columbus den Eingeborenen der neuen Welt schon vom 15. Oktober ab, also bereits nach drei Tagen: er wollte damit sagen, daß er Indien erreicht habe, die Bewohner also Indier seien.

¹²) Die verhängnisvolle Stelle über die Benutzung des Quadranten lautet in dem von Las Casas besorgten Auszuge aus dem Tagebuche und in seiner Geschichte Indiens ganz gleich.

¹³) In seinem Briefe an Rafael Sanchez vom 25. April 1493 bezeichnete er trotzdem Kuba als Insel.

¹⁴) Er unterzeichnete seine Briefe stets: | S. A. S. / X. M. Y. / Xpo ferens. | d. h. Christus, Maria, Joseph, und brachte sich, auf Christophorus, den Christbringer, deutend, mit der heiligen Familie in Verbindung.

Die wichtigsten Schriften über Columbus.

Asensio, Cristóbal Colón, 2. tom. Barcelona (1891).
d'Avezac, Année veritable de la naissance de C. Colomb. Paris 1872. (Bull. soc. geogr.)
Ambiveri, della Piacentinità di C. Colombo. Piacenza 1882.
Büdinger, Zur Columbus-Literatur. (Mittl. d. k. k. geogr. Ges. zu Wien. XXXII. 1889.)
— Akten zur Columbusgeschichte von 1473—92. (Sitzber. d. phil.-histor. Cl. d. k. Ak. d. Wiss. Wien 1886. Bd. 112.
Bernaldez, A., Hist. de los Reyes Catholicos Don Fern. y Donna Jsabel, edit C. Rosell (Bibliot. d. aut. españoles. Cronicas de los reyes de Castilla. III.) Madrid 1878.
Beecher, The Landfall of Columbus. London 1856.
Bancroft, H. H., History of the pacific. states. I. London 1883.
Codice diplomatico Colombo-Americano Genua 1823.
Colombo, F., Historie del signor D. F. Colombo... dell Ammiraglio D. Chr. Colombo. Venezia 1571. 1614. 1676. 1678. 1709. 1728. 1867.
de las Casas, B., Historia de las Indias (Col. d. doc. ined. para la hist. de España. Tom. 62—66.) Madrid 1875.
Casanova, La verité sur l'origine et la patrie de Chr. Colomb. Bastia 1880,

Desimoni, Di alcuni recenti guidizi intorno alla patria di C. Colombo. Genova 1890.

Dondero, J. A., Historia de la vida y viajes de Cr. Colon. Barcelona 1878.

Duro, C. F., Colon y Pinzon. Madrid 1883.
— Nebulosa de Colon. Madrid 1890.

Fox, C. V., Report of the superintendent of the united States Coast and geodetic survey 1880. Appendice No. 18 (An attempt to solve the problem of the first landing place of Columbus). Washington 1882.

Geleich, E., Columbus=Studien. (Zeitschrift d. Ges. f. Erdkunde. Berlin 1887.)

Harrisse, H., Ch. Colomb, son origine, sa vie, ses voyages etc. 2. vol. Paris 1884.
— Letters of Chr. Columbus, describing his first voyage. New=York 1865.
— Bibl. Americana Vetustissima. New=York 1866.
— Don Fernando Colon, historiador de su padre. Sevilla 1871.
— Ferd. Colomb, sa vie, ses oeuvres. Paris 1872.
— Les Colombo de France et d'Italie 1461—1491. Paris 1874.
— L'histoire de Chr. Colomb, attribuée à son fils Fernand. Paris 1878.
— Los restos de Don Cr. Colon. Sevilla 1878.
— C. Colomb et la Corse. Paris 1883.
— C. Columbus and the Bank of S. Georges. New=York 1888.
— Chr. Columbus im Orient. Leipzig 1888.
— C. Colomb, les Corses et le gouvernement français. Paris 1890.

Häbler, K., Die neuere Columbus=Litteratur (Sybel, histor. Zeitschr. 1887).

Herrera, Historia general de los hechos de los Castellanos. Madrid 1601—15.

Humboldt, Examen critique de l'histoire de geogr. etc. Paris 1836/7.
— Deutsch von Ideler. 3 Bde. Berlin 1852.

Irving, W., History of the life and voyages of Chr. Columbus. 4 vol. London 1828.
Deutsch, Frankf. 1832 u. 1828/9.
Muñoz, Historia del nuevo mondo. Madrid 1793.
Deutsch v. Sprengel. Weimar, 1795.
Martyr, P., Opus epistolarum. Alcalá, 1530.
— De rebus oceanicis. Sevilla 1511. Cöln 1574.
Major, R., H., Select Lettres of Chr. Columbus. London, 1847. (Hakluyt soc. 2 ed. 1890).
— Landfall of Columbus (Journal R. geogr. Soc. 1871).
Murdoch, The Cruise of Columbus in the Bahamas 1492. (Proceedings of the navale institute.) Annapolis 1884.
Manrique, Guanahani. Arrecife Canarias 1890.
Markham, Cl., R., Sul punto d'approc. di. C. Colombo. (Bol. soc. geogr. Ital. 1889).
Navarrete, F., Viajes y descubrimientos. 5 vol. Madrid 1825.
Oviedo, Hist. general de las Indias. Madrid 1851.
Peragallo, P., Cr. Colombo a la sua famiglia. Lisboa, 1889.
Peschel, Das Schiffsbuch des Entdeckers von Amerika. (Ausland, 1864, 1).
— Die Landung des Columbus in der neuen Welt. (Ausland 1857. 468.)
— Wo liegt Guanahani. (Ausland 1864. 564.)
— Zeitalter der Entdeckungen. Stuttgart 1858.
Pietschmann, R., Beiträge zur Guanahanifrage. (Zeitschrift f. wiss. Geogr., I., 1880).
Ruge, S., Zeitalter der Entdeckungen. Berlin 1881.
Staglieno, Verschiedene Aufsätze über die Familie des Columbus in dem Giornale Ligostico 1885, 87, 88.
Varnhagen, Don J. A., La verdadera Guanahani de Colon. (Anales de Chile, tom XXVI, 1864.) St. Jago de Chile.
Winsor, J., History of America. London 1886, vol. II.

Inhalts-Verzeichnis.

	Seite.
Einleitung	1
1. Columbus. Sein Geburtsort und seine Familie	12
2. Der Roman des Jugendlebens	27
3. Toscanellis Plan und Colons Ausführung	51
4. Die erste Westfahrt über den atlantischen Ozean . . .	79
5. Guanahani	101
6. Die Ergebnisse der ersten Entdeckungsfahrt	108
7. Die Teilung der Erde und die weitere Entdeckung der neuen Welt	130
8. Columbus als Mensch	154
Anmerkungen	159
Anhang. Litteratur	161

Druck von Paul Schettler's Erben in Cöthen.

Führende Geister

Eine Sammlung von Biographieen

herausgegeben von

Dr. Anton Bettelheim

Führende Geister sind es, die dem Einzelnen und der Gesamtheit die rechten Wege weisen zur niemals rastenden, niemals vollendeten Erziehung des Menschengeschlechtes. Auf ihre Lippen drängt sich, was die Herzen von Millionen beengt; ihrem Auge wird durchsichtig, was mit rätselvollem Dunkel die Blicke der Massen umschleiert; ihr prophetisches Gemüt findet Worte der Erlösung, nach welchen ganze Geschlechter ahnungsvoll und vergeblich geforscht haben. Sie deuten die Vergangenheit, sie bereiten künftiger Entwickelung die Bahn, sie legen den Lebensnerv ihrer Zeit bloß und treffen damit den Lebensnerv Aller und für alle Zeit. Sie sind die Vordenker und Vorkämpfer, die Tröster und Wohlthäter von Mit- und Nachwelt: geborene Beichtiger tiefverschwiegener Herzensgeheimnisse, geborene Ankläger der Unverantwortlichen, geborene Anwälte der von allen anderen Preisgegebenen. Sie wollen das Recht und wehren dem Unrecht. Sie dringen durch den Schein in den Kern der Dinge und verkünden, was immer neu gesagt werden muß, wenn es auch nie gern gehört wird: daß Staat und Kirche, Welt und Kunst keinen Augenblick stillstehen, daß Krankes und Entartetes dem Gesunden und frisch Aufblühenden zu weichen hat. Sie verjüngen die alternde Überlieferung mit neuer, mühsam eroberter Erkenntnis und sie schöpfen Zuversicht und Arbeitslust aus uralten, unversieglichen Quellen: aus der lautersten Liebe zur Wahrheit, aus der reinsten Hingebung für die Menschheit. Und so verschieden nach Ort und Zeit, nach Anlagen und Aufgaben solche Naturen auch sein mögen: ob sie ihrem Geschlecht nur um einen Schritt wie Hebel, um einen Tagemarsch, wie Hutten und Rousseau oder um eine Weltreise voran sind, wie Spinoza und Kolumbus, Shakespeare und Goethe; gemeinsam ist ihnen der großartige Freimut, mit dem sie ihr geheimstes Gedanken- und Phantasieleben offenbaren. Im Vollgefühl ihrer Sendung legen sie Alle, Zorn- und Weichmütige, Dichter und Grübler, Glaubensboten und Himmelsstürmer, Heerführer und Volksmänner, Gesetzgeber und Freiheitskämpfer, Priester und Ketzer, Seher und Zweifler Zeugnis für den Wahrheitssinn und Wahrheitsmut des Menschengeistes; geben sie Kunde von allen Wonnen und Schmerzen, von Grenzen und Gipfeln der Menschheit. So wirkt Jeder auf seine Weise, in seinem Kreise der Gottheit lebendiges Kleid. Nur selten blüht ihnen das Glück, daß ihr Wort, sowie es laut wird, Gehör und Glauben, ihr Werk, gleich, wie es sich zeigt, Freunde und Helfer findet, noch seltener hält das Vertrauen, der Anteil der Menge ihr Leben lang stetig bei ihnen aus.

Zweck der vorliegenden Sammlung ist es, diese „führenden Geister" in engere Beziehung zu der öffentlichen Meinung zu setzen; zwischen Nachkommen und Vorfahren jene Einheit der Ideen und Absichten herzustellen, welche allein die Erhaltung des Nationalgeistes, trotz aller Veränderungen der Zeit, sichern kann. Der Beifall, welchen knappe, nach Form und Inhalt so wohl abgewogene Leistungen, wie Gustav Freytag's Luther und David Fr. Strauß' Voltaire, in weiten Leserkreisen gefunden haben, ist uns ein Anzeichen dafür, daß ein Unternehmen, welches eine Litteraturgeschichte in Biographieen zum Endziel hat, den Neigungen der Forscher und Künstler, auf deren werkthätigen Beistand wir zählen, ebenso entgegenkommen dürfte, wie den Bildungsbedürfnissen und der Empfänglichkeit breiter, dem Besten nachstrebender Schichten des deutschen Volkes. Der gleiche Gedanke hat John Morley bestimmt, in dem von ihm geleiteten Sammelwerke English Men of Letters von den ersten Kennern und Schriftstellern seiner Heimat die Lebensbilder von Milton, Swift, Burns, Gibbon, Hume ꝛc. entwerfen zu lassen. Seine mit Glück und Geschmack verwirklichte Anregung hat in Amerika und Frankreich Nachahmung und allerorten dankbare Aufnahme gefunden, als echt volkstümliche und zugleich wahrhaft humane Schöpfung. Wir wollen versuchen, die Entwickelung unserer neuen National-Litteratur gleicherweise durch Charakteristiken der bahnbrechenden Dichter und Denker zu vergegenwärtigen: Geist und Gang unserer Litteraturgeschichte bringt es dabei mit sich, daß in Goethe's Sinn die Meister der Welt-Litteratur überhaupt volle Würdigung finden müssen. Die einzelnen Biographieen werden kurz sein, der Preis gering — so sind sie Jedem erreichbar. Den Mitarbeitern, welche zu gewinnen wir das Glück hatten, stellten wir keine andere Bedingung, als die eine: innerhalb der gegebenen Raumgrenzen ein wahrhaftiges Bild der einzelnen Persönlichkeit zu entwerfen. Der Mann und sein Werk soll zu seinem Recht kommen: die Darstellung, bei aller Rücksicht auf Gemeinverständlichkeit, nie den „tiefsten Ton der Leutseligkeit" anschlagen, sondern, die Ergebnisse alter und neuer Forschung auskernend, bemüht sein, dem Künstler durch ein Kunstwerk gerecht zu werden. Der Text selbst soll durch gelehrte Nachweisungen und Anmerkungen nicht beschwert, dagegen im Anhang dem Weiterstrebenden durch genaue Quellenangaben die Möglichkeit zuverlässiger Nachprüfung und weiteren Studiums gewährt sein.

Auszüge aus Besprechungen.

Ein neues Unternehmen gilt es zu begrüßen, welches bestimmt ist, eine Ehrenschuld unseres Volkes abzutragen. Dr. Anton Bettelheim, der bekannte deutsche Schilderer Beaumarchais', beginnt eine „Sammlung von Biographieen" unter dem Titel „Führende Geister", um in einzelnen abgeschlossenen Bänden von mäßigem Umfang und billigem Preise „das Leben und Streben der besten Männer aller Völker und Zeiten, zunächst unserer nationalen Dichter und Denker, klar und wahr zu vergegenwärtigen". Was in Aussicht gestellt wird, das läßt die Teilnahme des gebildeteren Publikums erhoffen. Eröffnet ist die Sammlung in glücklichster Weise durch Anton E. Schönbach's „Walther von der Vogelweide. Ein Dichterleben." Der Verfasser war gewiß wie kein anderer dazu berufen, die Sammlung einzuleiten, denn er ist nicht nur ein gelehrter Germanist, sondern ein geschmackvoller Schriftsteller; ruhig und ernst, aber mit wohlthuender Wärme berichtet er, was seiner wiederholten Prüfung stand gehalten hat. Er giebt dabei seinen Lesern ein schlichtes Bild der Schwierigkeiten, welche der Biograph eines mittelhochdeutschen Dichters zu überwinden hat, wie er zu Kombinationen seine Zuflucht nehmen, alles aus gelegentlichen Anspielungen erschließen muß, wie er nur selten feste historische Daten zu verwerten hat, doch glaube man ja nicht, daß durch gelegentliches Erwähnen solcher Dinge die Darstellung einen einseitig gelehrten Anstrich bekäme; Schönbach weiß es so gut mit der Biographie zu verweben, daß jeder Leser mit Interesse, selbst mit Spannung auch diesen gelehrten Auseinandersetzungen folgen muß. In großen, aber wohlerwogenen Zügen zeichnet der Verfasser zugleich die historische wie litterarische Atmosphäre, in welcher sich sein Held bewegt. Mit Geschick wählt er aus Walther's Liedern die wichtigsten, für sein Leben und seine Dichternatur wie für das Fortschreiten seines Könnens bezeichnendsten aus, und verflicht sie in eigener metrischer Übersetzung oder in Samhaber's vorzüglicher Nachdichtung mit der Erzählung. National-Zeitung. 1890. Nr. 505.

Das Gesamtbild Walther's, seines Charakters, seines Lebens und seiner Poesie ist in allem Wesentlichen zutreffend und in einer so anschaulichen und edlen Darstellung gegeben, daß niemand das

Buch ohne warme Teilnahme für den Dichter und ohne Dank für den Verfasser aus der Hand legen wird.
Litt. Centralblatt. 1890. Nr. 23.

Polemik ist in der ganzen Schrift durchaus vermieden; bloß an einzelnen Stellen klingt die konfessionelle Spannung der Gegenwart an, leise nur, aber immerhin befremdlich, da doch schon an die 700 Jahre um sind, seit dem „Herrn Papst" sein „christlich Lachen" verging und Herrn Walther keine „Hornung an den Zehen" mehr weh thut. Doch das sind untergeordnete Dinge, die den Gesamteindruck schönster Objektivität nicht stören. Die Zeichnung Walther's und seiner Zeitgenossen, seiner Vorläufer und Nachfolger, die Behandlung des historischen Hintergrundes, die Auswahl und die Neudeutschung der Proben — nirgends stößt man auf Fabrikarbeit, da ist alles „von Hand" gemacht, und zwar von einer fein abwägenden, sicheren Hand. — —

Beilage zur Allgemeinen Zeitung (München). 1890. Nr. 174.

Schönbach hat seine Darstellung auf der gründlichsten fremden und eignen Forschung aufgebaut, weiß aber die gelehrte Arbeit so zu verbergen, daß nur der genau eingeweihte Waltherforscher sie auf jedem Blatte spürt, während ihre Mühsal den entfernter stehenden Leser nicht belästigt. Sein Hauptabsehen war, die Zeit und die Welt, in der Walther lebt, recht lebendig zu vergegenwärtigen, inmitten in seiner Umgebung zu zeigen, und so seine persönliche Eigenart durch die Vergleichung mit verwandten Genossen recht scharf herauszuheben. Schönbach bereitet sorgfältig den Boden für den Auftritt seines Helden. Er setzt mit einer Betrachtung über das Mittelalter ein. Wer die allgemeinen Bedingungen des Lebens, die Interessensphäre, die Denk- und Gefühlsweise einer Zeit nicht kennt, vermag einen Menschen dieser Zeit nicht voll zu verstehen. Schon hier wird offenbar, daß der Verfasser sich mit besonderer Wärme in eine Vergangenheit versenkt hat, welche allzu lange und infolge des Einschnittes, den die Reformation in deutsches Geistesleben gemacht hat, noch heute oft als eine dumpfe betrachtet wird. Daß diese Wärme durch besonders intime Vertrautheit mit dem Mittelalter erzeugt wird, dafür giebt das ganze Buch die Beilage, indem es nicht nur die politischen Situationen genau fixiert, sondern auch die ökonomischen Zustände, wie die Privatverhältnisse und vor allem das Seelenleben des mittelalterlichen Menschen mit großer Bestimmtheit und in häufig überraschender Beleuchtung zeigt.

Sonntags-Beilage der Vossischen Zeitung. Berlin. 8. Juni 1890.

Die Reihe des neuen Sammelwerkes hätte nicht besser und würdiger eröffnet werden können, als durch Schönbach's Walther. Der Verfasser vereinigt in sich die für ein solches Unternehmen erforderlichen Eigenschaften. Er verbindet mit hervorragender wissenschaftlicher Befähigung die Gabe, geistvoll, formschön und doch auch wieder verständlich für den größeren Teil der Gebildeten zu schreiben. Das Büchlein ist, wie wohl kein zweites, darnach angethan, die Kenntnis Walther's, die Liebe zu ihm, die Begeisterung für ihn in immer weitere Kreise zu tragen und dadurch mit Erfolg zu der Erreichung des Zieles mitzuwirken, das Schönbach am Schlusse seines Vorwortes bezüglich Walther's aufgestellt hat.

Zeitschrift f. d. Realschulwesen. XV. Jahrg. IX. Heft. Wien.

Seine Darstellung von Walther's Leben ist in ihrer Art als ein Muster zu bezeichnen. In der historisch-ästhetischen Behandlung der Aufgabe liegt die Stärke des Buches. Bei der Betrachtung der geschichtlichen Zustände kehrt Schönbach besonders die sozialen und ökonomischen Bedingungen der Zeit heraus, worin wir unschwer den Einfluß von Karl Wilhelm Nitzsch erkennen. Als Ästhetiker zeigt er intimste Kenntnis dichterischen Seelenlebens und einen feinen Sinn für poetische Intentionen. Von Walther's herrlichem Liede: „Unter der Linde" zeigt er uns in einer tiefgehenden Analyse, worauf seine Wirkung beruht. Das Buch wird sicherlich, wie es sein ausgesprochener Zweck ist, den Kreis der Gebildeten erweitern, der sich an Walther's Poesie freut. Deutsche Rundschau. Oktober 1890.

Rasch folgte der schönen Darstellung Walther's von der Vogelweide durch Anton E. Schönbach ein Heft von Adolf Wilbrandt und jetzt das dritte, welches den Herausgeber selbst zum Verfasser hat. Wilbrandt hätte vielleicht gut daran gethan, die Nachbarschaft Hölderlin's und Fritz Reuter's mit deutlichen Worten zu begründen, denn wer weiß, ob nicht Mancher erstaunt, die zwei Namen auf einem und demselben Titelblatte nebeneinander zu sehen. Wer freilich die beiden Biographieen liest, wie sie gelesen sein wollen, mit Aufmerksamkeit und Versenkung, der wird alsbald fühlen, daß Hölderlin's Lyrik und Reuter's humoristische Epik aus demselben Grunde gewachsen sind: aus dem deutschen Gemüt, aus einer tiefen Subjektivität ihres Wesens; aus einem erhebenden

Idealismus. Sie repräsentieren uns jene zwei Seiten des Sentimentalischen, die uns Schiller kennen gelehrt hat, und ergänzen sich so gegenseitig. Für den tiefer Blickenden verschwindet also bald das Auffallende, ja ihm wird gerade durch das Stillschweigen Wilbrandt's klar, daß er „führende Geister" verschiedener Zeiten im „Lehrling der Griechen" Hölderlin und im modernen Dialektdichter Reuter zu verehren hat. Besitzt er Sinn für schöne Form, dann wird er entzückt den herrlichen Worten Wilbrandt's lauschen und mit immer sich wiederholendem Genusse zu dem zierlichen Büchlein greifen. Schade wäre es gewesen, hätte der Verfasser auch nur eine Stelle seiner köstlichen Gabe geändert und umgestaltet, denn mag auch noch so vieles über die beiden Dichter veröffentlicht werden, ihr innerstes Ich hat Wilbrandt mit seinem klar blickenden Poetenauge deutlich geschaut und mit sicherer Künstlerhand gezeichnet; der Typus ihrer geistigen Physiognomie wurde durch ihn endgültig festgestellt. So gereicht Wilbrandt's Heft, obwohl nichts Neues bietend, der ganzen Sammlung zur Zierde.

Anders lag die Aufgabe, welche Dr. Anton Bettelheim zu bewältigen hatte. Die Gestalt Ludwig Anzengruber's, des kürzlich Geschiedenen, lebt noch nicht festumrissen in unserem Gedanken, ja über seine Schicksale waren wir bisher so gut wie gar nicht unterrichtet. Fertig und geschlossen trat er auf, wir wußten nicht, wie er geworden; überraschend reich breitete der Dichter seine Schätze vor uns aus, schier unerschöpflich, und unerwartet schnell war er wieder geschieden. Wohl fühlte jeder, daß wir einen echten Dichter an ihm verloren, und dies Bewußtsein bringt nun in immer breitere Schichten, aber mit seiner Person waren wir nicht vertraut, überschauten höchstens einen kleinen Abschnitt seines arbeits- und inhaltsreichen Lebens. Als Bettelheim seine Biographie begann, konnte er noch nicht einmal die Bände der gesammelten Werke verwerten, welche nun als ein monumentum aere perennius selbst dem blödesten Auge den Wert und die Größe Anzengruber's darstellen. Aus dem Rohen mußte Bettelheim das Bild erschaffen, erst das Material mühsam herbeischleppen und sichten, die Lebensdaten feststellen und die äußeren Schicksale erforschen, um die Entwickelung des Mannes zu erkennen. Trotzdem gelang es ihm in der überraschendsten Weise, ein gerundetes Ganze zu geben und das Wichtige herauszuheben. So begeisternd es ist, aus der Fülle eines überquellenden Daseins schöpfen zu können, so schwierig wird es, dann nur das Allerwichtigste zu wählen, um auf engem Raume das Nöthigste zu sagen. Glänzendes Zeugnis für Bettelheim's Begabung legt der überaus gelungene Versuch von neuem ab. Man ahnt auf jeder Seite, daß er vielmehr geben könnte, man fühlt an jedem Worte, daß ihn Verehrung und Freundschaft dem Verstorbenen verbanden, aber Bettelheim drängt alles zurück, was nicht dazu dient, das Wesen Anzengruber's aufzuhellen, und vergißt niemals über dem Verehrer und Freunde den Biographen, der nicht bloß einen Nekrolog schreiben, sondern so weit als möglich Abgeschlossenes und Abschließendes geben will. So ist die Darstellung durchhaucht von angenehmer Wärme, aber weit entfernt von Verhimmelung. Freilich durfte manches nur erst angedeutet werden, lebte doch Anzengruber mitten unter uns und stand in Beziehungen zu Menschen, die noch leben, die Rücksicht verlangen dürfen. Aber Bettelheim traf auch hier die richtige Mitte, um beiden Teilen ihr Recht zu lassen. So kann man mit bester Überzeugung seine Biographie als eine durchaus gelungene bezeichnen.

Professor R. M. Werner (National-Zeitung).

Als dritten Band seiner „Führenden Geister" hat Dr. Anton Bettelheim seine eigene Lebensbeschreibung des größten deutschen Bühnendichters unserer Tage: Ludwig Anzengruber's herausgegeben und damit würdig die von den Meistern Schönbach und Wilbrandt begonnene Reihe biographischer Kunstwerke fortgesetzt. Bettelheim war mit Anzengruber viele Jahre in enger Freundschaft verbunden. Es war eines der Mitglieder des kleinen Kreises von Männern, die der Dichter allwöchentlich einmal um seinen Stammtisch im Wirtshause zu versammeln liebte. Zu der Zeit, als Anzengruber's Werke gerade in der Vaterstadt Wien am wenigsten zur Geltung gelangen konnten, weil sie der Kultus der Operette verdrängte und kein Schauspiel außerhalb des Burgtheaters gepflegt wurde, also in der Mitte der Achtziger Jahre, nachdem das Stadttheater ein Raub der Flammen geworden war, damals hat Bettelheim in energischer publizistischer Thätigkeit das litterarische Gewissen Wiens für Anzengruber wachgerufen. Und als der Dichter — endlich zu allgemeiner Anerkennung in Wien und in Berlin gelangt — erschütternd früh und schnell, gerade fünfzig Jahre alt, am 10. Dezember 1889 starb, da fiel Bettelheim die ebenso mühevolle als ehrenvolle Aufgabe zu, die Gesamtausgabe von Anzengruber's Werken zu besorgen, die der Dichter in seinen letzten Lebenstagen schon mit der Cotta'schen Verlagsbuchhandlung verabredet hatte. Diese Auf=

gabe hat Bettelheim rasch gelöst, die Gesamtausgabe liegt seit Neujahr fertig vor, und fast gleichzeitig ist auch des Dichters Biographie, von des Freundes Hand geschrieben, erschienen. Niemand war dazu mehr berufen, als Bettelheim. Er hat Anzengruber als Mensch und Dichter bis in die verborgenste Herzensfalte studiert und sich schon längst durch sein großes Werk über Beaumarchais in der schwierigen Kunst des Biographen bewährt. Willkommen ist jedermann eine ausführliche und zuverlässige Nachricht über des Dichters Lebensumstände, eine Übersicht seiner Leistungen, eine Schilderung seines persönlichen Charakters im Verkehre mit Freunden und Zeitgenossen, und dies bietet Bettelheims Buch in reichem Maße. Es giebt uns aber noch mehr, indem es ein Bild der Zeit entwirft, in der der Dichter des „Pfarrer von Kirchfeld" in die Öffentlichkeit trat, ferner eine übersichtliche und aus den Quellen geschöpfte historische Skizze des Wiener Volksstückes vor Anzengruber; wir gewinnen ein Bild des Dichters im Zusammenhange mit den Strömungen seiner Zeit und seiner Heimat. *Breslauer Zeitung.*

„Leitende Männer mag ich in der Seele nicht ausstehen," sagt Ibsens Doktor Stockmann, „diese Menschengattung hab' ich in meinem Leben kennen gelernt; sie gleichen den Ziegen in einer jungen Baumpflanzung; einem freien Mann stehen sie im Wege, wo er sich nur blicken läßt, — und am besten wäre es, wir könnten sie ausrotten wie andere schädliche Insekten". Zu diesen leitenden Männern, welche die Gedanken anderer nur nachdenken und alte Wahrheiten verteidigen gegen keimende neue, stehen im Kampf die führenden Geister, deren Lebensgeschichten Anton Bettelheim sammeln will, und denen er mit einem Anzengruber'schen Ausdruck das Leitwort giebt: „Aus is und vorbei is, da sein neue Leut und die Welt fangt erst an." Aus ist's und vorbei mit dem, was vor ihnen war, mit der Konvention in Leben und Kunst; und nicht achtend, was die leitenden Männer verteidigen, die Gespenster des Gestrigen, führen freie Geister die Menschheit vorwärts, zu neuen Welten. Kein deutscher Dichter dieser Tage hat gegründeteren Anspruch, führenden Geistern beigesellt zu werden, als Ludwig Anzengruber. Auf dem festumgrenzten Gebiet des Dialektstücks und der Dorfgeschichte hat er, zuerst er, den modernen Naturalismus in Deutschland ausbilden helfen, und in Theorie und poetischer Praxis, in den klug raisonnierenden Vorreden zu seinen „Dorfgängen", wie in der reichlich strömenden Produktion seiner Manneszeit, dem Gesetz der Stunde, ein führend geführter, gehorcht. Durch Not und Kämpfe hindurch, über seltsam bedrängende Lebensschicksale und die kalte Gleichgültigkeit des Theaterschlendrians hinweg, hat er aus dem Innern frei herausschlagende, künstlerische Grundsätze rein und voll ausgestaltet; und der deutsche Naturalismus ehrt in ihm, dem früh Entrissenen, den kräftigsten Vorkämpfer, den Meister des modernen Volksstückes.

Otto Brahm (Freie Bühne).

Der berufene Biograph war Bettelheim. Er besaß große Verdienste um A., stand ihm persönlich sehr nahe, hatte jahrelang mündliche Erzählung in ein feines Gedächtnis aufgenommen, ältere und jüngere Bekannte verhört, seine schriftstellerische Begabung und Bildung im großen und kleinen bewiesen, endlich den reichen handschriftlichen Nachlaß anvertraut erhalten. Was wir von ihm erhofften, hat er rasch gegeben, und kleine Mängel in der Gliederung und Ökonomie, dünne und zu späte Verknüpfung mit den litterarischen Voraussetzungen, falsch gesetzte Accente sind dabei untergelaufen, aber es ist ein sehr lebendiges Buch, gegründet auf ein unschätzbares Material, rund vor allem in der Schilderung der Persönlichkeit, die wir von dem Elternhause ins Lehrlings- und Mimenleben verfolgen und leibhaft im „schwarzen Gattern" erblicken. Das Derbe und das Zarte, das Sichere und das Ungelenke kommt zu seinem Recht. Vater und Mutter treten anschaulich hervor. Die Ehetragödie wird S. 141 meisterlich in der Krisis angepackt: wie A. ruckweis die Scheidung ankündigt mit mühsam gebändigter Leidenschaft, knapp, sachlich. Eine ernste ältere Liebe illustrierten Briefe voll der Anzengruber'schen Scheu vor allen Tiraden. Wie fremd ihm die Phrase war, lehrt herrlich schon S. 33: „Ein Vetter sagte, der Vater wäre verreist. Ich sagte zornig, er sei tot. So liebte ich die Wahrheit und Trost bedurfte ich keinen." Wer einmal mit A. zusammen war, weiß, daß es undenkbar war, an diesen Kernmenschen mit irgend welchen Redensarten heranzugehen. B. ehrt A. und sich durch den Bund wärmster Bewunderung und unbefangner Kritik in seinem Buche, das vielleicht ohne das lange Proömium über führende Geister einsetzen sollte. Sein Lob hat Hand und Fuß, sein Tadel ist wohlerwogen. Über mancherlei Pläne werden wir unterrichtet, über die Menge „prähistorischer" Erzählungen, eine große Mephistosatire, einzelne Dramenentwürfe, die Geschichte dieser und jener Arbeit. Tartuffe, Timon, diese Unsterblichen, warben um Einlaß, ein Wiener Roman „Sumpf" schwebte dem rastlosen Dichter und Richter vor, der manchem Jungen da den Meister gezeigt hätte. Von einem großen „Arbeiterstuck", dem aber „d'Statthalterei" zuwider sei, sprach er mir einmal lebhaft. Für eine 2. Auflage sei S. 82 und 165 wegen einiger überschwänglicher Wendungen angemerkt und den nur untermalten Partien in den drei vielfach ineinanderfließenden Hauptstücken „Der Mann", „Sein Werk", „Seine Weltanschauung" noch die letzte Hand gewünscht. Als A. schalthaft vor ein paar Jahren auf eine Photographie schrieb „seinem verehrten Verehrer B.", ahnte niemand, wie bald diese treue, hingebende, beredte und arbeitsame Verehrung große Pflichten erben und zu unserem aufrichtigsten Dank erfüllen sollte.

Erich Schmidt (Deutsche Litteraturzeitung, Berlin, 7. März 1891).

Gleichzeitig mit dem letzten Bande der gesammelten Werke Anzengrubers, auf die wir schon früher in dieser Zeitschrift besonders aufmerksam gemacht haben, ist auch von dem Herausgeber A. Bettelheim eine Biographie des Dichters erschienen, welche eine vortreffliche Ergänzung der Gesamtausgabe liefert. Die Aufschlüsse, die die Bettelheim'sche Biographie bietet, sind von hohem Interesse. Bettelheim teilt seine mit liebevollstem Verständnis geschriebene Biographie in drei Hauptteile: „Der Mann" berichtet von den äußeren Lebensschicksalen des Dichters, seiner Herkunft, seinen Eltern und den dornenreichen Lehr- und Wanderjahren bis zum endlichen glänzenden Einschlagen seines ersten großen Volksstückes; von dem wechselnden Erfolge seiner späteren Werke, den rastlosen Mühen des Dichters, sich das tägliche Brot zu verdienen, von seiner Ehe und ihrem Mißgeschick, bis zum frühzeitigen unerwarteten Tode gerade in dem Augenblicke, wo die äußeren Verhältnisse des Dichters anfingen, sich freundlicher zu gestalten. Der zweite Teil: „Sein Werk" bringt eine eingehende Würdigung des gesammten Schaffens Anzengruber's vom ästhetisch-litterarischen Standpunkt, der dritte Teil endlich: „Die Weltanschauung", entwickelt die religiösen und Lebensansichten des Dichters, wie sie sich in seinen Hauptwerken und ihren Hauptpersonen kundgeben. Das Bild, welches Bettelheim von der Gesamtpersönlichkeit des Dichters entwirft, ist außerordentlich sympathisch und macht auf den Leser den Eindruck, daß es durchaus getroffen sei. Möge es denn, zusammen mit den unsterblichen Werken Anzengruber's, nie aufhören, in den Herzen der Deutschen lebendig zu sein.

Nord und Süd.

Die Biographie, ein schönes Buchdenkmal, das Bettelheim Anzengruber gesetzt, bildet einen Band der Sammlung, die Dr. Bettelheim unter dem Titel: „Führende Geister" herausgiebt. Der Schilderer begleitet den Dichter von der Wiege bis zur Bahre. Er schildert die Eltern, die Wurzeln, denen das Kind die Begabung verdankte. Der Mann, sein Werk, dessen Weltanschauung, so hat Bettelheim den Stoff angeordnet, mit voller Erkenntnis erfaßt und nach jeder Richtung beleuchtet. Bettelheim besitzt die Haupteigenschaften eines Bücher- und Dichterfreundes: Liebe zur Sache, Lust zur Arbeit und Verständnis. **Wiener Zeitung.**

Herzlich willkommen muß es jedem Leser sein, mitten in seiner hellen Weihnachtsfreude an einem ganzen Anzengruber, daß er gleichzeitig ein so vorzügliches Buch über den Dichter in der Hand bekommt, wie Anton Bettelheim's „Ludwig Anzengruber". Dieses Buch ist keines von denen, die nach dem Tode eines Großen mit geschäftlicher Geläufigkeit hingeworfen werden, um das Interesse des Augenblicks auszumünzen. Bettelheim, einer der vertrautesten Freunde des Dichters, hatte vielmehr schon bei Lebzeiten Anzengruber's dessen Lebensbild zu malen begonnen, für einen der ersten Bände der von ihm herausgegebenen Serie „Führende Geister", in der wir bereits die Biographie Walthers von der Vogelweide (von Anton E. Schönbach), Friedrich Hölderlin's und Fritz Reuter's (von Adolf Wilbrandt) finden. Der dritte Band der Reihe ist Ludwig Anzengruber zugefallen, dessen Lebensbeschreibung freilich unter dem Eindrucke seines frühen Heimganges eine tiefere und breitere Ausgestaltung forderte. So ist denn das Buch kein „Lebensläufel", wie Anzengruber einmal scherzt, geworden, sondern ein Führer durch den ganzen Mann und sein ganzes Werk. Vor so vielen anderen Biographieen zeichnet es schon der Vorzug aus, daß es nicht mit dem Kopfe allein geschrieben ist. Das Herz hat seinen innigen Anteil daran, obgleich keineswegs jeder einzelne Tintentropfen den Beruf empfindet, den Toten zu beweinen. So wird es ein warmes Buch, das dem Leser wohlthut und das ihn mit freundlicher Hand in des Dichters Werke hineinführt und auch wieder heraus, nach oben. Dabei meidet jedoch der Verfasser gewissenhaft jeden Schein von Parteilichkeit in seinen Urteilen über den Mann, „der in Kunst und Leben die Wahrhaftigkeit selbst war und deshalb auch in seiner Lebensbeschreibung keinen anderen Maßstab verträgt, als unbefangene Aufrichtigkeit." — Für die unermüdliche Sorgfalt allein, mit der der Verfasser allen irgend zugänglichen Stoff zum

Lebensbilde des Dichters aufspürt, ist ihm die Litteraturgeschichte schon Dank schuldig. Er zeigt hierin jenen spezifischen Forschsinn, der immer neue Quellen findet und Anknüpfungsfäden zu ziehen weiß, wo andere kaum Anhaltspunkte sehen würden. Die tausenderlei Züge, welche er von den verschiedensten Fundorten zusammenträgt, aus den abgerissenen Notizen jenes „senfbraun gestrichenen Schriftkastens", wie, aus Briefen und unaufgeschriebenen Erinnerungen der Zeitgenossen, bilden oft in ihrer zweckvollen Anordnung ein förmliches Mosaikbild, das aber die Züge des geschilderten Antlitzes zum Sprechen trifft. Die eigenen vertrauten Beziehungen zu dem Dichter liefern eine Menge bezeichnender Daten dazu, vor allem aber ergeben sie die lebenswarme Färbung des Bildes. Sie geht so weit, daß man diese Lebensgeschichte Anzengruber's zum Teil mit dem Eindrucke liest, als wäre sie eine seiner eigenen Erzählungen, und dies umsomehr, als sich bei ihm, wie bei wenigen anderen, Leben und Dichten decken. Wir erinnern nur an die Szenen der Kindheit, an die Darstellung des Verhältnisses zu seiner wackeren Mutter, bis über ihren Tod hinaus, an die Beziehungen zu seiner ersten Liebe, Mathilde Kammeritsch, die seine Hand ausschlug, dann an die Episoden von Not und Drangsal, an die verschiedenen traurigen Behausungen, in denen der Dichter mit den Seinigen wohnte, besonders aber an die zusammenhängende Schilderung seines ganzen Wesens im inneren Empfinden und äußeren Gehaben, am Schreibtisch und am Wirtshaustisch, im Theater und auf Reisen, in der Redaktionsstube und in der Familie, ein an urwüchsigen Zügen reiches Lebensbild, das der Leser nicht so bald vergessen wird. Es macht das Buch nur noch ansprechender, daß der Verfasser dabei nicht empfindsam wird, wenn auch sein Held am Sylvester=Abende so manchen Jahres in seinen Kalender schreibt: „Böses Jahr", oder zuletzt noch auf dem Sterbebette ausrufen muß: „Du wirst doch zugeben, daß ich mehr Unglück als Glück im Leben gehabt hab'." Ein solches Leben ist kein Rührstück und darf nicht wehleidig angefaßt werden. — Das Interessanteste an diesem kämpfereichen Dasein sind jedenfalls die dichterischen Kämpfe. Welch ein schöpferischer Geist — und doch, wie ringt er oft mit seinen Stoffen, obgleich er niemals „Prophet aus Profession" sein und unausgesetzt das Geniegeschäft betreiben will. In manchem Jahre schreibt er zwei oder drei seiner besten Stücke und etliche Geschichten obendrein, dann wieder verbrennt er angefangene, ja fertige Stücke (wie „Ein gewiegter Kopf", „ein Geschworner"), die ihm nicht gefallen, und ihre dürre

Grabschrift im Kalender lautet einfach: „Verbrannt". Manchmal ist ein solches Mißlingen nur die ausholende Kraftübung vor dem gelungenen Streiche; so folgte unmittelbar auf ein solches verbranntes Kind „Der ledige Hof". Und dann wieder arbeitet er um, Geschichten zu Theaterstücken, dramatisch geschaute Stoffe, denen das Theater fehlt, zu Erzählungen, einen Roman in zwei. Wie viele solche Schöpfungskrisen hat er durchgemacht. Ein Kapitel poetischer Physiologie bildet dagegen der Werdeprozeß. Da ist es denn höchst anziehend, wie der Verfasser den Blüten und Früchten bis in die ersten Keime nachgeht. Die Verhältnisse der Abstammung aus bäuerlich=kleinbürgerlicher Blutmischung, die tiefhaftenden Erlebnisse der Kindheit werden klargelegt und bis in ihre späten Nachwirkungen verfolgt. Eine grundlegende Vorarbeit dazu hat ja einst der Verfasser selbst in seiner Schrift über den Dramatiker Johann Anzengruber, Ludwig's Vater, geliefert. Die zum Teil vorbildliche Bedeutung dieses stillen Dichters für seinen Sohn ist selbst in Einzelheiten, wie Bettelheim nachweist, nicht zu verkennen. Auch zum „Pfarrer von Kirchfeld" erhielt Anzengruber schon früh, als Provinzschauspieler, die erste Anregung. Der jetzige Oberregisseur des Grazer Landestheater, Dominik Klang, der vorher Seminarist gewesen, erzählte ihm von diesem Leben. Anzengruber wollte nicht begreifen, wie Klang von so heiliger Stätte habe geradewegs zur Bühne gehen können; da meinte seine Mutter: „Na, er wär' halt ein verliebter Pfarrer worden." Der Sohn sah sie einen Augenblick betroffen an und rief dann: „Wär' kein schlechtes Stück!" Und es ist kein schlechtes Stück geworden. So tritt ferner der „Todbereitschafts= gedanke", der den Dichter später so oft heimsuchte, schon in Anzengruber's frühester Kindheit auf. In einem Döblinger Garten hatte er von den Schoten des Goldregens genascht und hielt das darauf eingetretene Unwohlsein für den Tod, „gefaßt und still streckte er sich also auf den Rasen aus" und setzte sich in Todbereitschaft, wie später sein Steinklopferhans. — So sehen wir in Bettelheim's Buche Leben und Dichten Anzengruber's innig ineinandergewirkt, eines die Erläuterung des andern, beides durchaus ein Ganzes. Auch die Geschichte und Analyse der einzelnen Dichtungen liest sich bei ihm wie Lebensgeschichte, und ihre sorgfältige Herleitung aus vorangegangener Wiener Kunst und Litteratur läßt sie überdies noch in anderer Weise organisch erscheinen. In dieser Hinsicht verdient die kurze Skizze der Entwicklung des Wiener Volksstückes besonders hervorgehoben zu werden. Doch genug von Einzelnem. Alles in allem hat der Verfasser ein löbliches Werk gethan, er hat sich um die Leser Anzengruber's wohlverdient gemacht.

Ludwig Hevesi (Fremdenblatt).

Dieses Werk erscheint als dritter Band der glänzenden Reihe: „Führende Geister". Es geht uns besonders nahe, es behandelt einen führenden Geist, der mit uns gelebt, unter unseren Verhältnissen groß geworden ist und gelitten hat, und dessen Werke für Litteratur und Volk von großem Einflusse sind. Das Buch ist geschrieben mit warmer Lebendigkeit, die uns anherzt. Der erste Biograph eines bedeutenden Mannes hat es schwerer, als seine Nachfolger, weil ihm noch keine vorhergegangenen Bücher zur Verfügung stehen, aus denen er abschreiben könnte, und hat es, wenn er ein Zeitgenosse des zu Beschreibenden ist, leichter als die Kommenden, weil er solche Bücher gar nicht braucht, sondern seinen Stoff unmittelbar aus dem Leben nehmen kann, weil ihm persönliche Erfahrungen und Eindrücke, Äußerungen, Aufzeichnungen, Briefe des Verewigten, sowie persönliche Mitteilungen verschiedener Art vorliegen. Es mögen solche Biographieen subjektiver, vielleicht auch lückenhafter ausfallen, als jene, die auf rein wissenschaftlichem Wege entstehen; hingegen geraten sie realer, menschlicher als jene, sind und bleiben die Haupturkunden späterer Biographen. Anton Bettelheim hat uns hier über Anzengruber ein wertvolles Buch gegeben. Mit völlig künstlerischem Geschicke hat er es verstanden, ein Lebensbild zu entwerfen, in welchem der Dichter uns mit all seinen Eigenschaften leibhaftig vor Augen steht. Sein eherner, reiner Charakter, seine litterarischen und seine Lebensschicksale haben wir in sicheren und markigen Strichen vor uns. Sein schwerer und mannhafter Kampf mit den Zeitverhältnissen erhellt aus vielem. — Für ganz besonders gelungen in Bettelheim's Werk halte ich den Abschnitt über die Weltanschauung Anzengruber's. Diesen Abschnitt sollen alle diejenigen lesen, welche unseren Dichter zu den Naturalisten zählen. Hochinteressant sind die Beilagen mehrerer Urkunden, darunter ein rührendinniger Brief von des Dichters Vater an sein Weib. — Das Buch wird zum Verständnisse und zur richtigen Wertschätzung Ludwig Anzengruber's wesentlich beitragen, und schon darum müssen wir es dankbarst begrüßen. **P. K. Rosegger** (Heimgarten 1891. Nr. 5).

Es erschienen bis jetzt folgende Bände:

Band I. **Walther von der Vogelweide.** Ein Dichterleben von Anton E. Schönbach.

Band II. **Friedrich Hölderlin. — Fritz Reuter.** Zwei Biographien von Adolf Wilbrandt.

Band III. **Ludwig Anzengruber.** Der Mann — Sein Werk — Seine Weltanschauung. Von Anton Bettelheim.

Band IV. **Columbus.** Von Sophus Ruge.

In diesem Herbste wird erscheinen:

Band V. **Shakespeare.** Von Alois Brandl.

In Vorbereitung:

Hans Sachs von Edmund Goetze.

Molière von H. Morf.

Uhland von Erich Schmidt.

Vischer von R. Weltrich.

Jeder Band ist für sich abgeschlossen und einzeln käuflich.

— **Preis jedes Bandes 2 Mark.** —

Die Sammlung wird auch in elegantem Leinwandband zu 3 Mark, in Halblederband zu 3,5 Mark pro Band geliefert.

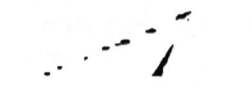

Verlag von L. Ehlermann in Dresden.

KARL GOEDEKE.

Grundrisz zur Geschichte der Deutschen Dicht

Aus den Quellen.

Zweite, ganz neu bearbeitete Auflage.

Nach dem Tode des Verfassers in Verbindung mit D. Jacoby, Kar Max Koch, K. Müller-Fraureuth, Franz Muncker, Karl Christian R Aug Sauer, Bernh. Seuffert, Bernh. Suphan, Karl Vorländer u.

fortgeführt von

Edmund Götze.

Erster Band. Das Mittelalter. Gr. 8°. 500 und VIII S. Mit I übersicht und Register. Auf Velinpapier = ℳ 9.60; in Halbfran = ℳ 12. Auf Schreibpapier = ℳ 15; in Halbfranzband = ℳ

Zweiter Band. Das Reformationszeitalter. Gr. 8°. 600 u. Mit Inhaltsübersicht und Register. Auf Velinpapier = ℳ in Halbfranzband = ℳ 14.50. Auf Schreibpapier = ℳ Halbfranzband = ℳ 20.

Dritter Band. Vom dreissigjährigen bis zum siebenjäh Kriege. Gr. 8°. 384 und VIII S. Mit Inhaltsübersicht und R Auf Velinpapier = ℳ 7.60; in Halbfranzband = ℳ 10 Schreibpapier = ℳ 12; in Halbfranzband = ℳ 14.

Vierter Band. Vom siebenjährigen bis zum Weltk Nationale Dichtung. Gr. 8°. Mit Inhaltsübersicht und R Auf Velinpapier = ℳ 17.80; in Halbfranzband = ℳ 21.20 Schreibpapier = ℳ 27; in Halbfranzband = ℳ 29.80.

Die ferneren Bände werden in rascher Reihenfolge ausgeg

www.ingramcontent.com/pod-product-compliance
Lightning Source LLC
Chambersburg PA
CBHW032136160426
43197CB00008B/665